HRD 베이직
# 인 재   양 성
# 실 무  가 이 드

어떻게 가치 창출을 위한 인재 육성을 할 것인가?

# HRD 베이직
# 인재 양성
# 실무 가이드

최오성 지음

피플 밸류 HS

# 차례

# 1

# HRD는
# 어떤 업무인가?

HRD 직무를 맡은 사람을 'HRD 담당자' 또는 '교육 담당자'라고 부릅니다. 따라서 직무를 수행하려면 먼저 HRD 또는 교육의 명확한 의미부터 이해해야 합니다. 그렇다면 교육 담당자라고 할 때 '교육'은 어떤 의미로 정의할 수 있을까요?

요즘 반려동물들을 많이 키우고 있습니다. 우리나라 전체 인구의 20%가 반려동물과 함께한다는 통계도 있습니다. 만약 여러분들이 강아지를 한 마리 분양받았다고 가정합시다. 너무 귀여운 강아지입니다. 하지만 아직 배변을 가리지 못해 거실 여기저기에 똥오줌을 지리고 있습니다. 그래서 강아지에게 배변을 정해진 장소에서 할 수 있도록 가르친다고 가정해보겠습니다. 이것을 교육이라고 할 수 있을까요?

이번에는 어떤 사람이 지방에서 상경했다고 가정하겠습니다. 그는 서울에서 취직을 하려 합니다. 하지만 별다른 재능이 없던 그는 소매치기 집단에 가입하게 됩니다. 선배 소매치기가 그에게 소매치기 기술을 가르친다고 가정해봅시다. "안창 따기는 이렇게 하는 거야." 하고 말이죠. 이것도 교육이라고 할 수 있을까요?

결론적으로 두 사례는 엄밀한 의미에서 또는 학문적으로 교육이라고 할 수는 없습니다. 왜냐하면 강아지 배변 가르치기는 대상이 사람이 아니기 때문이며, 소매치기 가르치기는 내용 자체가 사회적으로 바람직한 것이 아니기 때문입니다. 교육은 개념적으로 대상을 '사람'에게 한정하고 있습니다. 사람이 아닌 대상에 대한 가르침은 교육이라고 부르지 않습니다. 그리고 사회적으로 바람직하지 않은 것 또한 교육의 영역에 포함되지 않습니다. 따라서 강아지의 배변 가르치기와 소매치기 집단에서의 안창 따기 가르치기를 논외로 한다면, 교육은 '인간 행동의 바람직한 변화 활동'으로 정의할 수 있습니다. 즉 교육은 대상을 '인간'에게 한정하고, '바람직한 변화 활동'으로 제한하고 있습니다.

1969년 나들러Naddler가 'HRD'라는 용어를 소개하면서 교육의 의미는 개념적인 변화를 맞게 됩니다. HRD는 'Human Resources Development'의 약자입니다. 우리말로는 '인적 자원 개발'이라고 표현할 수 있습니다. 즉 기업이 가지고 있는 인적 자원에 대한 개발입니다. 기업이 가지고 있는 자원은 크게 3가지로 분류할 수 있습니다. 바로 유형 자원, 무형 자원, 인적 자원입니다. 유형 자원은 공장, 기계, 건물과 같이 눈에 보이며 손으로 만질 수 있는 것입니다. 반면 무형 자원은 특허권, 기술, 브랜드 이미지와 같이 손으로 만질 수 없는 것입니다. 과거 기업은 무형 자원과 유형 자원의 개발에 큰 관심을 가졌습니다. 하지만 현대 기업에서는 무형과 유형의 자원뿐만 아니라 인적 자원 또한 그 의미와 중요성이 커지고 있습니다. 공장, 기계, 건물과 같은 유형 자원은 자본이 있으면 금방 모방할 수 있습니다. 특허나 기술 같은 무형 자원 또한 점차 빠르게 복제되거나 유사 기술이 개발되고 있는 실정입니다.

하지만 인적 자원의 일하는 방식, 노하우, 의사 결정 방식 등은 복제가 매우 어렵습니다. 특히 글로벌화, 지식정보사회, 4차 산업혁명 사회로 발전하면서 인재 경영, 인재 육성의 중요성이 부각되었고, 이에 따라 HRD 개념에 대한 다양한 정의가 제시되고 있습니다. 예를 들어 나들러는 HRD를 '업무나 과업을 수행하거나 향상시키기 위해 필요한 기술, 지식, 태도를 학습하는 데 초점을 맞춘 기법'이라고 정의하였습니다. 길리와 이글랜드Gilley & Eggland는 HRD를 '업무, 개인 그리고 조직 개선을 목적으로 조직 내에 마련된 조직화된 학습 활동'이라고 정의했습니다. 또한 우리나라의 학자인 황안숙은 HRD를 '조직 구성원의 업무 수행 향상과 조직의 생존과 번영을 위해 학습 증진을 도모하는 총체적인 시도'라고 정의하기도 했습니다.

우리는 여기서 HRD의 목적과 목적 달성을 위한 수단이 무엇인가를 도출해낼 수 있습니다. 나들러의 정의 '업무나 과업을 수행하거나 향상시키기 위해 필요한 기술, 지식, 태도를 학습하는 데 초점을 맞춘 기법'에서 HRD의 목적은 '업무나 과업을 수행하거나 향상시키는 것'이라고 보았습니다. 길리와 이글랜드의 정의인 '업무, 개인 그리고 조직 개선을 목적으로 조직 내에 마련된 조직화된 학습 활동'에서 우리는 HRD의 목적이 '업무, 개인 그리고 조직 개선'임을 찾아볼 수 있습니다. 또한 황안숙의 '조직 구성원의 업무 수행 향상과 조직의 생존과 번영을 위해 학습 증진을 도모하는 총체적인 시도'라는 정의에서 HRD의 목적은 '조직 구성원의 업무 수행 향상과 이를 통한 조직의 생존과 번영'임을 확인할 수 있습니다. 결국 HRD의 목적은 '조직 구성원의 행동 변화를 통한 성과 창출'이라고 해석할 수 있겠습니다. 동시에 이들 정의에서 목적 달성을 위한 수단은 공통으로 '학습'이라는 것도 확인할 수 있습니다. 따라서 HRD는 '학습을 통해 조직 구성원의 행동을 변화시켜 성과를 창출할 수 있도록 하는 과정'이라고 볼 수 있습니다. 그렇다면 다음 3가지 질문에 대한 답은 무엇일까요?

- HRD 주관의 교육만 학습인가?
- HRD는 조직의 핵심 프로세스인가?
- HRD만 잘하면 되는 것인가?

첫 번째 질문은 'HRD 주관의 교육만 학습인가?'라는 것입니다. HRD 담당자들은 계층 교육, 직무 교육 등 다양한 교육 과정을 개설하고 조직 구성원들에게 제공하고 있습니다. 하지만 HRD가 주관하지 않는 현업 자체의 세미나 또는 학회 참석, 고객과의 교류, 프로젝트 수행, 멘토링 등을 통해 발생하는 조직 구성원들의 학습은 어떻게 바라보아야 할까요? 현업의 세미나 또는 학회 참석, 고객과의 교류, 프로젝트 수행, 멘토링 등은 HRD 담당자가 주관하지 않았으니 무시해야 할까요? 그렇지 않습니다. HRD 담당자들은 HRD 주관의 교육적 처방을 포함하여, 다양한 학습 프로세스를 촉진할 수 있는 문화적, 제도적, 물리적 환경 조성에 관심을 가지고 이러한 것들이 조직에 잘 정착될 수 있도록 노력해야 합니다. 그리고 이러한 문화적, 제도적, 물리적 환경의 조성과 정착을 통해 조직 구성원들이 다양한 학습 활동에 자유롭게 참가할 수 있도록 하여야 합니다.

두 번째 질문은 'HRD는 조직의 핵심 프로세스이자 활동인가?'라는 것입니다. 조직에서 자신들의 영역이 핵심이라고 말하지 않는 영역은 아마 없을 겁니다. 영업은 자신들이 없으면 회사의 매출이 발생하지 않을 거라고 하고, 생산은 자신들이 제품을 생산하지 않으면 영업이 매출을 발생시킬 수 없다고 말합니다. R&D는 자신들이 새로운 제품을 연구 개발하지 않으면 조직의 성장 발전은 없다고 말합니다. 제조 회사를 기준으로 보았을 때, 조직의 본원적 활동은 연구 개발–생산–영업/마케팅입니다.

그리고 이러한 본원적 활동에서 HRD는 사실상 지원적 활동에 속합니다. 구체적으로는 조직의 경영 목표가 설정되면 이에 따른 중장기 HR 목표, 즉 인적 자원 관리의 목표가 설정될 것입니다. 여기에 따라 HRD의 목표가 설정되고 이를 수행해 나가는 조직 운영과 경영의 sub-system이 HRD 영역이라고 보는 것이 합리적입니다.

세 번째 질문은 'HRD만 잘하면 되는 것인가?'라는 것입니다. 조직 전체가 아니라 인적 자원 관리라는 관점에서 검토해봅시다. 인적 자원 관리는 '채용-배치-육성-평가/보상'이라는 4가지의 프로세스가 맞물려 돌아갈 때 유기적으로 작동할 수 있습니다. 적절한 인재를 확보하여 채용하고, 가장 적절한 부서나 팀 그리고 직무에 인재를 배치해야 합니다. 물론 적절하게 배치된 인재들에 대한 육성이 필요합니다. 그리고 공정하고 합리적인 평가와 보상이 이루어져야 할 것입니다. 이러한 일련의 유기적 프로세스 속에 육성, 즉 HRD가 자리 잡고 있다고 보아야 좀 더 총제적인 시각을 가질 수 있습니다.

지금까지 교육과 HRD의 정의, HRD와 관련된 3가지 질문을 통해 HRD의 의미가 무엇인지 살펴보았습니다. 결국 환경 변화에 대처하기 위해 기업 경영 전략의 수립과 함께 인적 자원 관리 전략을 수립하고, 이의 일환으로 HRD 전략을 수립해야 합니다. 따라서 HRD 담당자들은 조직의 경영 전략, 인적 자원 관리 전략에 지속적으로 관심을 가지고 모니터링하며, Follow-up 하는 것이 업무 수행에 도움이 될 것입니다.

2

# 꼭 알아야 할
# HRD 필수 용어

HRD 업무를 수행하려면 직무 관련 기본 용어 정도는 이해하고 있어야 합니다. HRD와 관련된 기본적인 지식 체계는 미국에서 발전하여 우리가 받아들인 것이 많아 용어들도 영어 표현이 많습니다. 그러다 보니 간혹 용어에 대해 모르고 있으면 관련자 미팅이나 대화 시 맥락을 이해하기 어려운 경우가 종종 발생합니다.

저 또한 실무자 시절 유사한 경험이 있었습니다. HRD 담당자가 된 지 얼마 되지 않아 사수인 과장님께서 교육 컨설팅 업체 담당자가 방문했으니 같이 만나 회의를 하자고 한 적이 있었습니다. 당시 제가 근무하던 회사에서 준비 중이었던 승진자 교육 과정에 대한 회의였습니다. 하지만 회의가 진행되는 동안 저는 사수인 과장님과 교육 컨설팅 업체 담당자 간의 대화를 제대로 이해하기 어려웠습니다. 그때의 기억을 되살려보면 다음과 같은 내용이었습니다. 교육 컨설팅 업체 담당자가 "이번 과장 승진자 과정은 MTP를 하는 것이 어떻겠습니까?"라고 하자 저의 사수인 과장님께서는 "MTP? 그게 좋겠군. 그럼, 대리 승진자는 어떤 프로그램이 좋을까요?"라고 하셨습니다. 그러자 교육 컨설팅 업체 담당자는 "BMTP가 적합할 것 같습니다."라고 대답하였습니다. 당시 영어 약자 표현을 주로 쓰는 두 분의 대화를 저는 제대로 이해하지 못하였습니다. 그래서 회의가 종료되고 나서 사수인 과장님께 따로 여쭤봤습니다. MTP는 'Management Training Program'의 약자로 관리자 훈련 과정, BMTP는 'Basic Management Training Program'의 약자로 기본적인 관리 교육 과정이라는 설명을 들을 수 있었습니다. 또한 MTP는 원래 미 국방성에서 장교들을 대상으로 한 리더십 과정이었는데 일반 기업이 이를 차용해서 활용하는 것이라는 설명도 듣게 되었습니다.

아마 HRD 담당자로 일하다 보면 저와 같은 경험을 한 번씩 하게 될 것입니다. HRD 업무를 이제 막 시작한 사원이라면 회의나 미팅 또는 기획서나 자료 검토 시 생소한 HRD 용어로 인해 업무에 어려움을 겪을 수도 있을 것입니다. 그래서 저의 경험을 바탕으로 HRD 업무 수행 시 많이 등장하는 용어 또는 알아두면 좋을 것 같은 용어들을 한 번 살펴보도록 하겠습니다.

### 1) KSA

KSA는 가장 많이 접하게 되는 용어입니다. 제가 강의장에서 HRD 담당자들을 대상으로 하는 'Basic HRD'라는 과정에서 KSA가 뭐냐고 물어보면 'Korea Standard Association한국표준협회'이라고 하는 분들이 있습니다. 물론 이 기관의 영어 약자도 KSA인 것은 맞습니다. 하지만 HRD 용어에서의 KSA는 'Knowledge, Skill, Attitude'의 앞 글자를 딴 것입니다. 즉 지식, 기술, 태도를 뜻합니다. HRD 담당자들의 핵심 업무는 바로 조직 구성원들의 KSA

를 향상시키기 위한 노력입니다.

## 2) MBTI

MBTI는 교육 과정에 많이 녹아 있는 콘텐츠 중 하나입니다. MBTI는 접해보았을 가능성이 높을 것입니다. 많은 기업에서 활용하고 있는 심리 검사이기 때문입니다. MBTI는 'Myers–Briggs Type Indicator'의 약자입니다. 모녀지간인 Isabel Briggs Myers와 Katharine Cook Briggs가 칼 융의 심리 유형을 응용하여 만든 심리 검사 도구입니다. 칼 융은 사람의 유형을 외향E: Extroversion과 내향I: Introversion, 감각S: Sensing과 직관N: iNtuition, 사고T: Thinking와 감정F: Feeling의 세 차원으로 구분하였는데, 여기에 마이어스와 브릭스가 판단J: Judgment과 인식P: Perception을 추가하였습니다. 각 차원마다 둘 중 하나의 결과가 나와 총 16가지의 성격 유형이 존재하게 되는 것입니다. 예를 들어 어떤 사람이 진단 결과 E/I 중 I, S/N 중 S, T/F 중 F, J/P 중 J의 성향이 나왔다고 하면, 그 사람의 성격 유형은 ISFJ가 됩니

- ISFJ

조용하고, 다정하며, 세심하고, 성실하고, 책임감이 강하다.
자신들의 의무에 헌신적이고, 이를 꾸준하게 실현해 나간다.
철저하고, 노고를 아끼지 않으며, 사려 깊고, 정확하다.
타인 특히 자신에게 중요한 사람들의 느낌에 관심이 많고, 그들과 관련된
구체적인 것을 잘 알아차리고 기억한다. 직장과 가정에서 정돈되고 조화
로운 환경을 만들기 위해 노력한다.

다. ISFJ 유형은 일반적으로 조용하고 다정하며, 세심하고
성실하고 책임감이 강한 유형으로 해석합니다. 16가지의
성격 유형으로 구분하는 MBTI는 팀 빌딩, 대인 관계, 갈등
관리 등의 교육 과정에 많이 활용됩니다.

MBTI와 함께 많이 활용되는 검사 도구로는 DiSC
와 에니어그램이 있습니다. DiSC는 인간의 행동 유형

을 주도형Dominance, 사교형influence, 안정형Steadiness, 신중형 Conscientiousness의 4가지로 구분합니다. 이 4가지 행동 유형 의 영어 앞 글자를 따서 DiSC라고 부릅니다. 진단을 통해 4가지 행동 유형의 각각에 대한 강도가 어느 정도인가를 그래프로 작성하고, 이들 4개 점들 간의 관계로부터 개발 자형, 결과지향형, 창조형, 전문가형 등 15가지 전형적인 유형의 프로파일을 제시하고 있습니다.

에니어그램Enneagram은 총 9개로 인간의 성격 유형을 구 분하는 도구입니다. 개혁가, 조력가, 성취자, 예술가, 사색 가, 충성가, 낙천가, 지도자, 중재자가 바로 9개 유형의 구 분입니다. 제 경험에 비추어보면 강의 시에 가장 많이 활 용되는 것은 DiSC입니다. 주도형, 사교형, 안정형, 분석형 의 4가지로 제시하기 때문에 간단하고 이해하기 쉽습니 다. 물론 자세히 들어가면 다시 15가지로 나뉘지만 강의 때는 15가지의 전형적인 유형으로 나누어 설명하기는 곤 란한 점들이 있습니다. 따라서 학습자들을 주도형, 사교 형, 안정형, 분석형의 4가지로 단순히 분류하여 동일한 유형의 학습자들이 함께 모여 해당 유형의 장단점과 효과적인 대인 관계의 증진책 등에 대해 논의하도록 합니다.

### 3) HPT

HPT는 'Human Performance Technology'의 약어입니다. 우리말로는 '수행 공학' 정도로 표현합니다. 수행 공학은 조직 구성원이 보여주어야 하는 바람직한 모습인 To-Be와 현재의 모습인 As-Is의 Gap을 찾고, 이것이 해결해야 할 중요한 Gap, 즉 중요한 수행 문제 Performance Problem 인가를 판단합니다. 그리고 수행 문제 발생의 원인이 KSA의 부족으로 인한 것이면 교육적 처방을, 아니라면 비교육적 처방을 통해 해결하려는 노력을 말하는 것입니다. 수행 공학과 관련해서는 HRD 담당자의 역할 변화에서 좀 더 살펴보겠습니다.

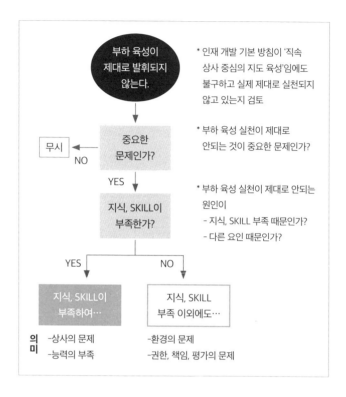

부하 육성이 제대로 발휘되지 않는다.

* 인재 개발 기본 방침이 '직속 상사 중심의 지도 육성'임에도 불구하고 실제 제대로 실천되지 않고 있는지 검토

중요한 문제인가? → 무시 NO

* 부하 육성 실천이 제대로 안되는 것이 중요한 문제인가?

YES

지식, SKILL이 부족한가?

* 부하 육성 실천이 제대로 안되는 원인이
   - 지식, SKILL 부족 때문인가?
   - 다른 요인 때문인가?

YES | NO

지식, SKILL이 부족하여… | 지식, SKILL 부족 이외에도…

의미 -상사의 문제 -능력의 부족 | -환경의 문제 -권한, 책임, 평가의 문제

## 4) ROI

ROI는 'Return On Investment'의 약어로 우리말로 하면 '투자 회수율'입니다. 교육에 투입된 총예산과 비교하여

조직에 얼마나 금전적으로 기여했는가를 분석하려는 것입니다. 분모에 교육에 투자한 총비용을 두고, 분자에 금전적 이익을 둔 후 곱하기 100%(금전적 이익/총 교육비×100%)를 하면 됩니다. 예를 들어 어느 회사의 팀장들을 대상으로 '효율적 회의 운영 과정'을 실시하였으며, 이 과정을 진행하는 데 총 100만 원이 소요되었다고 합시다. 그리고 이 과정을 수료한 팀장들이 교육 후 3개월간 실시한 회의가 예전보다 평균 10분이 줄어들었다고 가정합시다. 3개월간 총 80회의 회의가 실시되었고 여기에 참가한 사람들의 평균 숫자가 10명이며, 이들의 평균 시급이 1만 2천 원이라고 가정합시다. 그러면 회의가 줄어들어 절약된 비용은 80회×10명×(1만 2천 원×1/6)=1백 6십만 원입니다. 계산식에 따라 ROI는 총 160%가 됩니다. 즉 회사가 교육을 통해 투자 회수한 것이 160%라는 것으로 경영자들을 대상으로 교육 과정의 존재 가치를 설명하고 설득하는 데 유리한 지표입니다. ROI를 모든 교육 과정에 적용하기는 쉽지 않습니다. 따라서 팀에서 연간 운영하는 전체 과정 중 영업이나 마케팅 등 수치화하기 쉬운 교육 과정을 타깃으로 하여, 1~2개의 과정에서 시범적으로 ROI를 도출해 본 후 확대하는 것을 추천합니다.

## 5) CBC

CBC는 'Competency Based Curriculum'의 약어입니다. 교육 훈련 체계를 수립할 때 주로 접근하는 방식 중 하나입니다. 먼저 조직 내 존재하는 각각의 직무가 어떤 것들이 있는지를 모두 도출하고, 이들 도출된 각각의 직무를 수행하는 데 필요한 역량이 어떤 것들이 있는지 밝혀냅니다. 그리고 이들 역량을 개발하기 위해 어떤 교육 과정을 어떤 위계로 제시할 것인가를 정리해 놓은 것입니다.

## 6) DACUM

DACUM 또한 교육 체계 개발의 방법입니다. 'Develop A CUrriculuM'의 약어입니다. CBC가 각 직무가 역할을 수행할 때 요구되는 역량이 무엇인가를 밝히는 것에 집중한

다면 DACUM은 해당 직무를 수행하는 데 필요한 KSA가 무엇인가에 집중하고, 이 KSA를 개발하는 데 필요한 교육과정을 제시하는 것입니다. CBC와 DACUM의 접근법에는 큰 차이가 없습니다. 다만 역량 관점이냐 KSA가 무엇인가를 보는 관점이냐의 차이입니다.

## 7) Lesson, Module, Course, Curriculum

HRD 업무를 담당하다 보면 4가지 용어 Lesson, Module, Course, Curriculum을 자주 접할 수 있습니다. 대략적으로는 알지만 그 의미와 위계에 대해서는 정확하게 인지하지 못하는 경우가 종종 있습니다. Lesson은 우리말로는 단원이라고 표현할 수 있으며, '학습의 최소 단위'를 말하는 것입니다. 보통 50분으로 구성됩니다. 집합교육을 보통 50분 교육 그리고 10분 휴식의 사이클로 진행합니다. 이때 50분 교육 또는 학습이 진행되는 이 장면을 Lesson이라고 볼 수 있습니다. Module은 우리말로 정확하게 번역되어 쓰이기보다는 영어 표현 그대로 모듈이라고 불립니다. Module은 'Lesson의 유의미한 나열'이라고 정의할 수 있습니다. 50분 단위의 강의 또는 교육 활동이 의미 있게 배열된 것으로 보통 2시간에서 4, 5시간 정도로 구성됩니다. 즉 50분의 Lesson이 2회에서 5회 정도까지 의미 있게 배치되어 있는 것입니다. Course는 교육 과정으로 'Module의 유의미한 나열'입니다. Lesson이 의미 있게 나열되고, 이들 나열된 Lesson들이 Module이 되어 결국 Course교육 과정가 되는 것입니다. Course는 보통 8시간에서 16시간으로 구성되는 경우가 가장 많습니다. Curriculum은 우리말로 옮기면 교육 체계입니다. 이는 'Course의 유의미한 나열'을 의미합니다.

다음의 그림은 어느 회사의 Curriculum을 나타낸 것입니다. 이 회사의 경우 가로축을 변화 관리, 리더십 기본, 역량 강화, 기능 부문 직무 교육으로 나누고, 세로축을 사원, 대리, 과장, 차/부장, 팀장, 임원으로 나누었습니다. 그리고 이들 가로와 세로축에 따라 Course를 의미 있게 나열하였습니다. 이것이 Curriculum교육 체계입니다. 이 회사

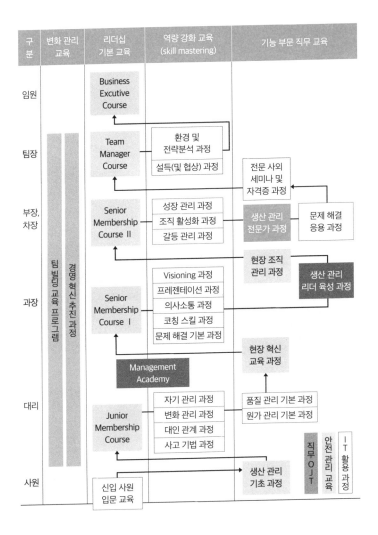

| 구분 | 변화 관리 교육 | 리더십 기본 교육 | 역량 강화 교육 (skill mastering) | 기능 부문 직무 교육 |
|---|---|---|---|---|
| 임원 | | Business Excutive Course | | |
| 팀장 | | Team Manager Course | 환경 및 전략분석 과정 / 설득(및 협상) 과정 | 전문 사외 세미나 및 자격증 과정 |
| 부장, 차장 | | Senior Membership Course II | 성장 관리 과정 / 조직 활성화 과정 / 갈등 관리 과정 | 생산 관리 전문가 과정 / 문제 해결 응용 과정 |
| 과장 | 팀 빌딩 교육 프로그램 / 경영 혁신 추진 과정 | Senior Membership Course I | Visioning 과정 / 프레젠테이션 과정 / 의사소통 과정 / 코칭 스킬 과정 / 문제 해결 기본 과정 | 현장 조직 관리 과정 / 생산 관리 리더 육성 과정 |
| | | Management Academy | | 현장 혁신 교육 과정 |
| 대리 | | Junior Membership Course | 자기 관리 과정 / 변화 관리 과정 / 대인 관계 과정 / 사고 기법 과정 | 품질 관리 기본 과정 / 원가 관리 기본 과정 |
| 사원 | | 신입 사원 입문 교육 | | 생산 관리 기초 과정 / 직무 OJT / 안전 관리 교육 / IT 활용 과정 |

의 Curriculum에 따라 본다면, 입사 후 신입 사원 입문 교육 과정을 수강하고, 이후 생산 관리 기초 과정을 학습하고, 대리로 승진하면 Junior Membership 과정을 학습하도록 설계되어 있습니다. 그리고 대리 직급 체류 중 자기 관리 과정, 사고 기법 과정, 대인 관계 과정, 변화 관리 과정을 수강할 수 있도록 배치되어 있습니다. 또한 과장으로 승진하면 Senior Membership 과정을 수강하며 문제 해결 과정, 코칭 스킬 과정, 의사소통 과정, 프레젠테이션 과정, Visioning 과정을 수강하도록 되어 있습니다. 이들 각각의 생산 관리 기초 과정, 자기 관리 과정, Junior Membership 과정, Senior Membership 과정, 의사소통 과정, 프레젠테이션 과정 등의 교육 과정, 즉 Course가 직급과 교육의 주제에 따라 유의미하게 나열된 것입니다.

이런 Curriculum에 의해 교육 담당자가 과장 직급들을 위한 프레젠테이션 과정을 실시하기 위해 컨설팅 회사로부터 다음 그림과 같이 시간 계획을 받았다고 가정합시다. 프레젠테이션 과정은 다음과 같이 강/약점 파악하기, Wake-up Design, Organization PT, Winning Delivery, WOW PT 등 다섯 개의 Module로 구성되어 있습니다. 이들은 또 각각의 Lesson들이 적절하게 50분 단위로 구성되어 있을 것입니다. 오늘이 첫날 첫 시간이라면, 과장들은

| 테마 | 학습내용 | 방법 | 시간 |
|---|---|---|---|
| 강/약점 파악하기 | ·탁월한 프레젠터의 특성<br>·팀장들이 바라보는 프레젠테이션<br>·프레젠테이션 자기진단 | 1차 진단 프레젠테이션 | |
| Wake-up Design | ·프레젠테이션 3P 분석<br>·효과적인 오프닝과 Story line 구성하기<br>·Story line과 발표 자료의 연계 | 스토리라인 구성 실습 | |
| Organize The Presentation | ·발표 슬라이드 작성의 레이아웃<br>·정량적 Data의 그래프 표현하기<br>·정성적 Data의 도형화 표현하기 | 프레젠테이션 자료 작성 | |
| Winning Delivery | ·프레젠테이션의 불안감(원인과 대응 방안)<br>·효과적인 Delivery 기법 (제스처, 속도/톤, 시선 처리, 질문 처리 등) | 2차 교정 프레젠테이션 | |
| WOW Presentation | ·종합 프레젠테이션 실시<br>·동료 및 강사 Feedback<br>·과정 전체 마무리 | 종합 프레젠테이션 | |

'프레젠테이션' Course의 '강/약점 파악하기' Module에서 '탁월한 프레젠터의 특성'이라는 Lesson에 참여하고 있을 것입니다.

### 8) SME

HRD 업무를 하다 보면 "SME Workshop을 해야 한다."와 같은 표현을 들을 수 있습니다. 여기서 SME는 'Subject Matter Expert'의 앞 글자를 따온 약자입니다. SME는 '내용 전문가'라는 말로 표현합니다. 그렇다면 내용 전문가란 무슨 의미일까요? 예를 들어 여러분들이 생산 관리 기초 과정을 개발한다고 생각해 봅시다. 일반적으로 HRD 담당자인 여러분은 프로세스 전문가입니다. 즉 특정 교육 과정을 개발하고 만들 때, 어떤 절차와 방식으로 만들어야 가장 효과적이고 효율적인가를 알고 있는 사람입니다. 생산 관리 기초 과정을 어떤 방식과 절차로 만드는 것이 효과적이고 효율적인가를 검토할 수는 있습니다. 하지만 생산 관리에 대해서는 전문성이 없습니다. 생산 관리라고 하는 콘텐츠에 대해서는 아는 바가 없는 것입니다. 따라서 생산 관리라는 주제와 내용에 대해 전문성이 있는 사람을 불러 그들의 머릿속에 있는 전문적 지식을 뽑아낼 수 있도록 과정 개발을 위한 Workshop을 진행할 수밖에 없을 것입니다. 이때 생산 관리라는 주제와 내용 관련 전문가는 회사의 생산 관리 또는 생산 기획 팀에 근무하는 사람일 수도 있고, 대학이나 대학원에서 생산 관리를 강의하는 교수일 수도 있습니다. 이들을 우리는 SME, 즉 내용 전문가라고 호칭하는 것입니다. 즉 HRD 담당자가 개발하고자 하는 특정 결과물의 해당 분야에 대해 많은 지식과 경험을 보유하여 성과를 내고 있는 사람이라고 이해하면 됩니다.

## 9) Blended Learning

Blended Learning은 혼합형 학습이라고도 번역되나, 일반적으로 영어 용어 그대로 Blended Learning이라고 쓰이고 있습니다. Blended Learning은 학습 효과를 극대화하기 위해 칵테일처럼 온라인과 오프라인 교육 그리고 다양한 학습 방법을 혼합하여 활용하는 것을 의미합니다. 대체적으로 ① 집합 교육이 중심이고 이를 온라인 교육으로 보완하는 방법, ② 학습자들의 자율 학습 방식에 온라인 협동 학습을 접목하는 방식, ③ 다양한 온라인 학습 전략에 오프라인으로 보조하는 방법 등이 많이 활용됩니다. 제가 민간 기업 근무 시 과장이 되어서 그룹 연수원에서 진행하는 과장 승진자 과정에 참여를 하게 되었을 때입니다. 당시 교육 참가 한 달 전 온라인 과정을 수강해야 했습니다. 내용은 인사 조직, 생산 관리, 영업 마케팅, 재무 회계 등의 과목이었습니다. 그리고 이들 온라인 교육을 모두 이수하고, 시험 성적이 80점 이상 되어야 집합 교육에 참여할 수 있는 자격이 주어졌습니다. 물론 온라인 교육에서 다루어지는 내용은 그룹 연수원에서 진행되는 집합 교육 수강에 필요한 사전적 지식이었습니다. 이는 ① 집합 교육이 중심이고 이를 온라인 교육으로 보완하는 방식이라고 볼 수 있습니다. 또한 학습자들에게 리더십 관련 도서를 읽고 리포트를 작성/제출하게 하고, 도서의 저자나 리더십 관련 강사를 초빙하여 도서의 내용에 대해 학습자들에게 집합 교육을 하는 것은 ③ 다양한 온라인 학습 전략에 오프라인으로 보조하는 방법이라고 볼수 있습니다. 최근 많이 회자되고 있는 Flipped Learning도 Blended Learning의 한 방식입니다.

## 10) CLO

CLO는 생소한 용어인가요? 아마 CEO라는 용어는 매우 친근하게 느낄 것입니다. 'Chief Executive Officer'의 약어로 최고경영자를 뜻하며, 일반적으로 회사의 대표이사, 사장을 CEO로 호칭합니다. 직장인이라면 CFO도 알고 있을 것입니다. 'Chief Financial Officer'로 최고 재무 담당 임원을 의미합니다. 그러면 CMO, CSO는 어떻습니까? 저는 예전 어느 회사 프로젝트를 맡았을 때 CMO, CSO라고 불리던 분들과 지속적으로 미팅을 한 적이 있었습니다. 바로 Chief Marketing Officer, Chief Sales Officer로 최고 마케팅 담당 임원과 최고 영업 담당 임원이었습니다. 이제 CLO의 의미도 어느 정도 추정할 수 있을 텐데 'Chief Learning Officer'이며 '최고 교육 담당 임원'을 의미합니다. 다음 사진은 어느 글로벌 대기업의 그룹 연수원 원장실의 모습입니다. CLO's office라고 표시된 것이 보입니다. 이제 여러분들은 상대방의 명함에 CLO라고 적혀 있다면, 최고 교육 담당 임원이라 판단하면 됩니다.

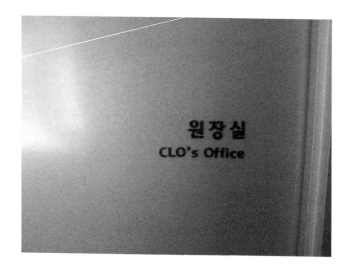

## 11) Intervention

글자 그대로 Intervention은 개입, 간섭, 치료 또는 접근을 의미합니다. HRD 분야에서 Intervention은 학습자 또는 조직 구성원들의 학습을 위해 HRD 담당자가 개입하여 제공할 수 있는 다양한 교육적 처방, 즉 학습 방법을 의미합니다. 여기에는 집합 교육, 온라인 교육, Workshop이나 세미나 참가, 논문 읽기, 프로젝트 참가 등 다양한 Intervention이 존재할 수 있습니다. HRD 담당자는 어떤 Intervention이 가장 학습 효과를 증대시킬 수 있을지에 대해 고민해야 합니다.

# HRD 역할의
# 변화

평가자Evaluator, 집단 촉진자Group facilitator, 개인 발달 상담자 Individual development counselor, 강의 교안 작성자Instructional writer, 강사Instructor, 교육 훈련 관리자Manager of T&D, 마케터Marketer, 매체 전문가Media specialist, 요구 분석가Needs analyst, 프로그램 운영자Program administrator, 프로그램 설계자Program designer, 전 략가HRD Strategist, 과업 분석자Task analyst, 이론가Theoretician, 전 이 촉진자Transfer agent.

위에서 열거한 15가지는 HRD 연구자인 크레이그Craig 가 지금으로부터 30년도 훨씬 전인 1987년에 HRD 담당자 들의 핵심 역할이라고 제시한 것입니다. 이 과거의 이론 에 대해 여러분들은 어느 정도 동의하시는지요? 이 역할 들이 HRD 담당자로서 여러분들이 수행하는 역할과 일치

하나요? 또는 이것보다는 다른 역할을 좀 더 중점적으로 수행하고 있나요?

국내 HRD 담당자들을 대상으로 이 15가지 역할과 자신의 실제 역할 수행을 비교해 조사하면 어떤 결과가 나올까요? 크레이그의 15가지 역할 분류를 기준으로 국내 HRD 담당자들의 역할 인식을 분석한 연구에 따르면 3순위가 교육 훈련 관리자Manager of T&D, 2순위가 프로그램 설계자Program designer였습니다. 가장 많은 선택을 받은 1순위는 무엇일까요? 짐작이 되시나요? 바로 프로그램 운영자Program administrator가 1순위를 차지했습니다. 여러분들도 동의하십니까? 국내 HRD 담당자들은 자신이 담당하고 있는 교육 과정을 준비하고, 강사를 초빙하며, 학습자를 관리하는 역할을 가장 주요하게 맡고 있는 것입니다.

이러한 결과는 HRD 담당자들이 아직도 전문가로서의 역할을 인정받기보다는 교육 과정을 진행하고, 사후 관리를 하는 행정가의 역할을 많이 하고 있음을 드러내는 것이라 볼 수 있습니다. 이에 따라 경영층의 관점에서 HRD

는 누구나 수행할 수 있는 업무로 인식되기 쉽습니다. 그래서 전공이나 조직 내 경력이 HRD와는 상이한 인력이 배치되고, 위기 상황 시 예산 삭감의 1순위 대상이 되며, 경영자의 지원 및 관심 부족과 같은 현상이 초래됩니다. 조직 내 타 부서에 비해 중요성이나 필요성이 상대적으로 저평가되는 것이 HRD 직무의 현실입니다.

물론 자신이 담당하고 있는 교육 과정을 진행하고, 사후 관리를 하며, 사내 강사 제도나 학점 이수제 등의 제도를 운영 관리하는 것은 무척 중요합니다. 하지만 이런 역할에만 머물러 있을 수는 없습니다. 이제는 '수행 컨설턴트Performance Consultant'로서의 역할로 변모해 나가야 하지 않을까 생각합니다. 수행 컨설턴트는 수행 공학적 관점에서의 접근을 필요로 합니다.

앞에서 이야기했듯이 수행 공학적 접근을 하려면 먼저 수행 문제부터 파악해야 합니다. 수행 문제란 조직 내 바람직한 모습인 To-Be와 현재 모습인 As-Is 사이에 존재하는 차이Gap를 의미합니다. 예를 들어 어느 조직에서 리더들이 적절한 리더십을 발휘해주기를 바란다면 이것이 To-Be에 해당합니다. 그러나 현재 리더들의 모습은 부하 육성에 관심이 없다고 하면 이것은 As-Is에 해당합니다. 그렇다면 '부하 육성이 제대로 되지 않는다.'라는 수행 문제가 도출됩니다. 이렇게 수행 문제가 도출되면 첫 번째 질문을 해야 합니다. '이 수행 문제가 조직에 중요한 문제인가?'라는 질문입니다. 중요한 문제가 아니라면 일단 무시하고 넘어갈 수 있지만 조직의 성과 창출과 관련하여 중요한 문제라면 다음의 질문으로 가야 합니다. 바로

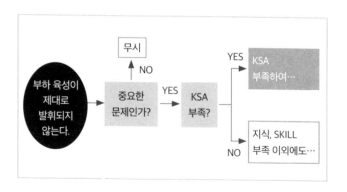

'KSA의 부족에 기인한 문제인가?'라는 질문입니다. 앞서 용어에서 정의했듯이 KSA는 지식Knowledge, 스킬Skill, 태도 Attitude를 의미합니다.

KSA가 부족해서 발생한 문제라면 KSA를 습득할 수 있도록 HRD 담당자들이 다양한 Intervention을 준비하고 제공해야 할 것입니다. 바로 HRD 담당자들의 핵심적이고 주가 되는 역할의 영역으로 들어오는 것입니다. 그러면 KSA 부족이 아니라면 HRD 담당자들은 자신의 업무나 역할이 아니니까 무시해야 할까요? 아닙니다. KSA의 부족이 아닐 때도 HRD 담당자들은 무엇 때문에 이러한 수행 문제가 발생했는지 분석해야 합니다. 환경이 원인인지, 권한과 책임이 불분명한 것이 원인인지, 평가 체계상에 오류가 있는 것인지 등 말입니다. 그리고 파악한 원인에 대해 조직 내에서 적절히 해결 대안을 마련해야 한다는 제안도 해야 합니다.

이상과 같이 조직 내에 존재하는 수행 문제를 발견 또

는 발굴하고, 이것이 KSA의 부족인지 다른 요인에 기인하는 것인지를 파악하여, KSA의 부족이면 HRD가 제공할 수 있는 다양한 Intervention을 제공하며, KSA 부족이 아니라면 그 원인을 파악하고 조직 차원에서 해결할 수 있도록 제안하는 것이 바로 수행 컨설턴트의 역할입니다. 그리고 HRD 담당자들이 과정 운영자, 행정가, 관리자 같은 전통적인 역할에서 수행 컨설턴트로서의 역할로 변화를 지향한다면 자신의 역량을 지속적으로 개발해야 할 것입니다.

첫째, 시장에서 경쟁하는 컨설턴트의 방식을 벤치마킹해야 합니다. 일하는 방식을 달리해 보는 것을 고려해야 합니다. 여러분이 하는 모든 일을 하나의 프로젝트처럼 생각하고 일해야 할 것입니다. 분석적 사고와 논리적 사고도 필요합니다. 고객의 성장을 지원하는 컨설턴트처럼 현업 그리고 동료와 긴밀한 파트너십을 갖고 일할 수 있어야 합니다. 둘째, HRM에 대해 구체적인 관심을 가져야 합니다. HR의 기본 프로세스를 잘 파악해야 합니다. 채용, 선발, 배치, 육성, 평가 및 보상 그리고 조직 문화 등으로 이어지는 HR 프로세스에서 '육성'에만 집중하다 보면 큰 그림을 보기 어려울 수 있습니다. 특정 수행 문제의 원인을 분석하고 해결안을 고민할 때 심도 있는 접근이 필요한데 이 경우에 HR 전반에 대한 이해가 도움이 될 것입니다. 셋째, 비즈니스 전반에 대한 이해도를 높여야 합니다. 이를 위해서는 기업의 비즈니스 Value Chain에 대한 이해가 필요합니다. 자신이 소속한 회사의 전략, 재무 회계, 영업/마케팅, 생산 등 각각의 역할을 명확하게 이해하고, 기업의 전략이 고객에게 어떻게 전달되고 수익이 창출되는지 파악하면 도움이 됩니다.

지금까지 HRD 담당자의 전통적인 역할과 향후 지향해야 할 역할인 수행 컨설턴트의 모습에 대해 살펴보았습니다. HRD 담당자라면 전통적인 역할인 관리와 과정 운영뿐만 아니라 수행 컨설턴트로서의 역할도 함께 수행해서 조직의 성과 향상에 기여하는 것이 단순한 월급쟁이에 그치지 않고 프로 또는 전문가로 인정받는 길이 아닐까 생각합니다.

# 4

## 현재 주목받는
## 2가지 HRD 교육 방법

우리나라가 전 세계에서 가장 빠른 것이 무엇일까요? 정답은 모두 3가지입니다. 바로 인터넷 속도, 패션의 유행 변화 그리고 HRD Trend 변화입니다. 이는 HRD 담당자들 간에 자주 회자되는 농담입니다. HRD 부서에서 워낙 새로운 교육이나 새로운 교육 방법에 관심이 많다 보니 HRD Trend 변화가 심하다고 하여 농담 삼아 하는 이야기입니다. 1990년대를 풍미했던 MTP Management Training Program 교육 과정은 지금 눈을 씻고 찾아봐도 보이지 않습니다. 조직의 관리자에게 필요한 부하 육성, 관리 스킬 등에 대한 내용이니 오늘날에도 필요한 교육 과정일 것 같지만 촌스럽게 느껴졌는지 2000년대가 되면서 모든 화두는 리더십으로 옮겨지게 됩니다.

HRD 분야에서의 빠른 Trend 변화는 우리나라나 기업이 직면하는 환경 변화와 무관하지 않습니다. 우리나라와 기업이 직면하는 환경이 워낙 빨리 변화하기 때문입니다. 한국 전쟁 이후 산업화 시대, 1997년 IMF와 2008년 미국발 금융 위기를 거치고 어느덧 경제 규모 세계 10위권의 국가로 발전한 것이 우리나라입니다. 경제 성장률은 이제 더 이상 3% 오르기도 힘든 저성장 시대에 진입했습니다. 52시간제 시행 이후 Work & Life의 Balance는 중요한 가치가 되었습니다.

환경 변화에 따라 국내 HRD의 교육 방법도 많이 발전하게 됩니다. 교육 방식을 구분하자면 크게 형식 학습 Formal Learning과 비형식 학습Informal Learning으로 구분해 볼 수 있습니다. 형식 학습이란 조직 내에서 체계적인 교육 프로그램을 통한 학습으로, 회사 내에서 인정되는 것입니다. 비형식 학습이란 일상적인 직무 수행 활동 중에 이루어지는 학습입니다. 대표적인 것이 OJT, 코칭, 멘토링, 학습 조직을 통한 조직 학습의 유도 등입니다. 그동안 HRD

담당자들은 형식 학습의 체계적인 제공과 함께 조직 내에서 비형식 학습이 잘 이루어질 수 있도록 많은 노력과 고민을 해왔습니다. HRD에서 아무리 체계적인 교육 프로그램을 잘 제공한다고 하더라도, 학습자들이 직무 수행 중 자연스럽게 상사, 동료 등으로부터 받아들이는 업무 지식과 스킬의 영향력은 클 수밖에 없습니다. 그런데 인터넷과 모바일 기기의 발전으로 최근 많이 거론되는 형식 학습 관점에서의 교육적 접근법으로 Flipped Learning과 Micro–Learning이 있습니다. Flipped Learning은 무엇이고, Micro-Learning은 또 무엇인지 하나씩 살펴보겠습니다.

## 1) Flipped Learning

Flipped Learning은 '거꾸로 학습'이라고 불리기도 하지만 일반적으로는 영어 표현 그대로 더 많이 쓰이기 때문에 이 책에서도 Flipped Learning이라는 용어로 사용하겠습니다. 그런데 무엇이 거꾸로 되었다는 것일까요? 이를 알아보려면 일반적으로 HRD 담당자들이 진행하는 과정의 형태는 어떤지 살펴보아야 합니다. 여러분들의 경우는 어떤가요? 전통적인 수업 방식에서 학습자들은 교육에 참여합니다. 그리고 강사가 준비해 온 교재와 학습 자료들에 따라 충실히 수업이 진행됩니다. 강의가 끝나면 지필 시험이나 실기 평가를 실시하기도 합니다. 필요한 경우 과제가 주어지기도 합니다.

하지만 Flipped Learning에서는 학습자들이 강의장에 오기 전에 비디오나 온라인을 통해 먼저 선행 학습을 합니다. 이후 오프라인의 강의장에서 강사와 학습자가 토론이나 실습 등을 진행하면서 선행 학습을 통해 습득한 지식을 바탕으로 과업을 해결하고, 지식을 응용하는 심화 학습을 진행합니다. 즉 기존의 일반적 교육이 강의장에서 강사의 강의 후 실습이 있었다면, Flipped Learning은 강사가 강의해야 할 내용을 강의장에 오기 전에 온라인 매체를 통해 미리 개개인이 선행 학습을 하고, 강의장에서는 선행 학습한 내용을 바탕으로 문제를 풀거나 토론하거

나 실습을 하는 방식으로 진행되므로 '거꾸로 학습'이라고
합니다.

　이는 앞서 '꼭 알아야 할 HRD 필수 용어' 부분에서 설
명했던 것으로 2가지 이상의 교육 방법을 함께 사용하는
Blended Learning의 가장 대표적인 형태입니다. 오프라인
교육은 새로운 내용을 배우기보다는 이미 온라인으로 학
습한 내용을 연습하거나 익히기 위한 시간으로 활용하게
됩니다. 이럴 경우 강사는 과제를 소화하지 못하거나 학
습 내용을 이해하지 못한 학습자들을 도와주게 되어 학습
자 중심으로 교육 과정을 운영할 수 있는 강점이 있습니
다. 최근 대기업을 중심으로 오프라인 강의장에서 학습할
내용을 이러닝의 형태로 미리 제공하여 학습하게 하고,
오프라인 강의장에서는 선행 학습의 내용을 수행하고 평
가하고 익히는 데 초점을 두는 방식으로 과정을 운영하는
경우가 많이 늘어나고 있습니다.

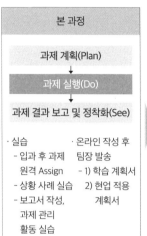

| 사전 학습 | 본 과정 | 사후 활동<br>(현업 적용 및 F/U) |
|---|---|---|
| 과정 내용<br>사전 지식 습득<br>(이러닝, 워크북) | 과제 계획(Plan)<br>과제 실행(Do)<br>과제 결과 보고 및 정착화(See) | 현업 적용 지원:<br>4회 걸친 실행<br>e-alarm<br>Tool box |
| · 사전 학습<br>  - Articulate<br>    Storyline 학습/<br>    수료<br><br>· 사전 TEST<br>  - 사전 TEST 객관식<br>    15문항 70점 획득 | · 실습    · 온라인 작성 후<br>  - 입과 후 과제  팀장 발송<br>    원격 Assign  - 1) 학습 계획서<br>  - 상황 사례 실습   2) 현업 적용<br>  - 보고서 작성,     계획서<br>    과제 관리<br>    활동 실습 | · 현장 적용<br>  - 사후 메일 수령<br><br>· 성과 확인<br>  - 본인이 지정<br>    하는 선배 또<br>    는 멘토 평가<br>    (팀장 참조) |

이 그림은 글로벌 기업인 H사에서 사원 2년 차를 대상
으로 하는 교육 과정의 전체 운영 흐름입니다. 학습자들
에게 이러닝과 워크북으로 사전 학습을 진행하게 하고 이
해도 테스트도 실시합니다. 이론과 Tool 위주의 사전 학
습 과정을 이수해야지만 본 오프라인 강의실 과정에 참가
할 수 있습니다. 그리고 강의장에서는 Plan-Do-See의 절
차에 따라 효과적으로 일하는 방식을 실습 위주로 익히게

됩니다. 오프라인 과정이 종료되면 멘토를 지정하여 학습자들이 교육 중 익힌 것들을 현업에 실제로 적용하는지 follow-up 하는 형식으로 운영하고 있습니다. 이러한 운영 방식도 일종의 Flipped Learning의 사례라고 볼 수 있습니다.

## 2) Micro-Learning

Micro-Learning은 HRD 담당자는 물론이고 많은 직장인들이 실제로 자주 경험하고 있는 형태입니다. Micro-Learning은 정보통신 기술의 발달과 함께 이러닝, 모바일 러닝 등으로 변화된 학습의 형태로, 학습자가 콘텐츠에 쉽게 접근할 수 있는 장점이 있습니다. 10분 내외 분량에 한 가지 개념만을 다루는 콘텐츠로 제작되기 때문에 학습자들이 출퇴근하면서 또는 업무 중 온라인 매체를 통해 손쉽게 학습할 수 있습니다.

글로벌 기업인 L사의 경우 조직 구성원들을 대상으로 인터뷰와 설문을 실시하여 조직 구성원들이 일을 하면서 궁금해하거나 어려워하는 50여 가지의 이슈를 도출하였습니다. 효율적으로 회의 운영하기, 한 장 보고서 작성, 요구 분석하기 등 다양한 이슈가 도출되었습니다. 하지만 조직 구성원들 모두를 대상으로 오프라인 교육 과정을 진행한다면 학습자들의 접근성이 용이하지 않습니다. 교육 참가를 위해서는 상사의 승인을 받아야 하며, 교육에 참여하기 위해 연수원까지 이동해야 합니다. 교육을 위해 하루나 이틀 업무 현장을 벗어나야 합니다. 필요한 경우 숙박도 해야 합니다. 하지만 일을 하다가 궁금하거나 막히는 이슈를 굳이 멀리 떨어진 연수원까지 가지 않고, 자신의 사무실 컴퓨터에서 바로 확인할 수 있다면 어떻게 될까요? 또는 아침 출근 시간 지하철이나 버스 안에서 확인할 수 있다면 어떨까요? L사는 50여 가지 이슈와 관련된 사내외 전문가들을 찾아 그들과 함께 5분에서 10분 분량의 동영상을 50여 개의 이슈별로 모두 촬영하였으며, 이를 사내 인트라넷에 올려놓았습니다. 온라인 접속이 가능한 환경이라면 조직 구성원들이 언제 어디서든 접근하여 콘텐츠를 확인할 수 있도록 한 것입니다.

　　지금까지 Flipped Learning과 Micro-Learning에 대해 살펴보았습니다. 여러분들의 회사에서는 2가지 교육 방법을 적용하고 있는지요? 그렇지 않다면 여러분들의 회사에서 어떻게 적용시킬 수 있을지 생각해보는 것도 좋을 것입니다. 승진자 과정이나 리더십 과정을 Flipped Learning 방식으로 운영해 보면 어떨까요? 직무 과정을 Micro-Learning 방식으로 준비해 보는 것은 어떨까요?

# 5

# HRD의
# 대표적인 시스템

세상이 제대로 돌아가기 위해서는 여러 가지 제도와 시스템이 필요합니다. 국가에는 '법'이라는 제도가 있습니다. 회사도 마찬가지로 다양한 규정과 규칙들이 존재합니다. 이는 HRD도 마찬가지입니다. 제도나 시스템이 마련되어 있을 때 원활히 작동하는 메커니즘을 기대할 수 있습니다. 일반적으로 HRD와 관련해 어떤 제도가 있을까요? 이 책에서는 가장 많은 회사에서 채택하여 적용하고 있는 '교육 학점 이수제'와 'IDP 제도'에 대해 알아보겠습니다.

## 1) 학점 이수제

학점 이수제는 사내외에서 실시되는 모든 교육에 학점을 부여하여 조직 구성원이 특정 기간 동안 특정 학점을 이수하도록 하는 것입니다. 마치 대학교에서 졸업을 위해 학점 이수를 하는 방식과 동일하다고 생각하면 됩니다. 오른쪽 그림은 가상의 학점 이수제도 사례입니다. 이 가상의 사례에 따르면, 이 제도하에서는 집합 교육이 15시간 이내면 1학점, 16시간에서 23시간이면 2학점, 24시간에서 31시간이면 3학점, 32시간 이상이면 4학점을 이수자에게 부여합니다.

　보통 1년에 3학점 또는 4학점 등 특정 학점을 이수하거나 아니면 대리, 과장 등 직급 체류 기간 동안 특정 학점을 이수하도록 설계하는 것이 일반적입니다. 회사에 따라서는 직급 체류 기간 동안 특정 학점을 이수하도록 하고, 이를 승진 시에 반영하는 경우도 있습니다.

　하지만 학점 이수제는 매우 정밀하고 세심하게 설계하여 운영해야 합니다. 잘못 설계되는 순간 교육은 학점을 따기 위한 도구로 전락해 버립니다. 제가 어느 해 11월 한 회사에 프로젝트 관리 강의를 하러 간 일이 있었습니다. 모두 12명의 학습자가 있었지만 프로젝트 업무를 수행하

| 구분 | 교육학점 | | | | 각 교육별 습득 가능 최대 학점 | 비고 |
|---|---|---|---|---|---|---|
| | 1학점 | 2학점 | 3학점 | 4학점 | | |
| 집합 교육 | 8~15시간 (1박 2일) | 16~23시간 (2박 3일) | 24~31시간 (3박 4일) | 32시간 이상 | 제한 없음 | |
| 해외 연수 | 10일 이내 | 11~20일 | 21~31일 | 1개월 이상 | 제한 없음 | 2개월 이상은 1년 학점 인정 |
| 사내외 어학(업무 시간 내) | 8~15시간 | 16~23시간 | 24~31시간 | 32시간 이상 | 제한 없음 | 2개월 이상은 1년 학점 인정 |
| 사내외 어학(업무 시간 외) | 60시간 이내 | 61~80시간 | 81시간 이상 | | 3학점 | 3개월 단위 구분 |
| 통신 교육 | 3개월 미만 | 3개월 이상 | | | 3학점 | |
| 독서 연구 | 1권 | 2권 | 3권 | | 3학점 | 독후감 제출: A4 5매 이상 |
| 조직 활성화(팀 빌딩 W/S) | 8~15시간 (1박 2일) | 16~23시간 (2박 3일) | 24~31시간 (3박 4일) | 32시간 이상 | 3학점 | 참가자만 인정 |

는 사람은 단 두 명이었습니다. 나머지 10명은 영업이나 생산 분야에서 틀에 박힌 일상적인 업무를 수행하고 있었

습니다. 그래서 "왜 프로젝트 관리 과정을 신청했습니까?" 라고 질문하자 "11월이라 올해는 다 지나가는데 연내 취득해야 할 학점이 부족하여 당장 개설된 프로젝트 관리 과정을 신청하였습니다."라고 답하였습니다. 직무 수행 상의 필요보다는 이수해야 할 학점이 부족하여 부득이 큰 관심이 없는 교육 과정에 참가하였다는 응답은 매우 안타까운 상황입니다.

이와 같이 교육 과정에 학점을 부여하고, 조직 구성원들이 특정 학점을 이수할 경우 승진에 반영까지 하는 것은, 교육과 학습에 대한 조직 구성원들의 관심을 높이기 위해서입니다. "업무가 바쁜데 어디 한가하게 교육받으러 가느냐?!"라는 팀장에게 "학점이 부족합니다."라는 핑계로 교육에 참여할 수 있으니까요. 즉 학점 이수제도는 다소간의 강제성이 부여된 것입니다. 따라서 교육의 토양이 척박한 회사에서는 충분히 적용할 수 있는 접근법입니다.

## 2) IDP 제도

교육에 대한 조직 구성원들의 관심이 높고, 교육적 토양이 충분히 쌓여 있는 회사에서는 학점 이수제도 대신 IDP 제도를 실행하는 경향이 있습니다. 그래서 IDP 제도는 국내 대기업과 글로벌 기업들이 주로 채택하는 제도입니다. 여기서 IDP는 'Individual Development Program' 또는 'Individual Development Plan'의 약자입니다. 우리말로 '개인 개발 제도'라고 번역할 수 있습니다. 연초에 자신의 개인 개발 계획을 수립하고, 자신의 개발을 위해 필요한 다양한 Intervention을 조직 구성원이 자유롭게 선택하여 학습하는 것입니다. 글로벌 대기업인 A사가 운영하는 IDP 제도를 사례로 살펴보겠습니다. A사에서는 4단계로 이 제도를 운영하고 있습니다.

Step 1, '핵심 일'을 검토합니다. 핵심 일이란 특정 직무 수행상 가장 중요한 행동들입니다. A사는 조직 내 존재하는 모든 직무에 대한 핵심 일을 규명하였습니다. 조직 구성원은 현재 자신이 수행 중인 직무상에 규명된 핵심 일

체계를 참고하여 자신의 미래 핵심 일을 선택합니다. 물론 미래의 핵심 일은 다른 직무에서 찾을 수 있습니다. 예를 들어 교육 담당자가 자신의 업무상에서 핵심 일을 검토하고, 3년 내 인사 담당자가 되고 싶다면 인사 담당자의 핵심 일을 선택하는 것입니다.

Step 2, 진단을 합니다. 현재 자신이 수행하는 일에서 핵심 일과 관련하여 As-Is와 To-Be를 진단하고, 미래 핵심 일은 어떤 것들인지 검토합니다.

Step 3, 육성 계획을 작성합니다. 핵심 일 진단 결과와 선택한 미래 핵심 일을 바탕으로 육성해야 할 분야를 선정하고 다양한 Intervention을 선택합니다. 이때는 교육적 Intervention도 필요하지만 프로젝트 수행, 매뉴얼 작성 등 비교육적 Intervention도 추천됩니다.

Step 4, 상사와 면담하여 확정합니다. 개인이 작성한 육성 계획을 직속 상사와 면담을 통해 확정합니다. 물론 필요할 경우 수정 보완하기도 합니다.

이렇게 4단계를 거친 후에는 1년 동안 자신의 IDP에 따라 활동을 수행합니다. HRD는 조직 구성원들에게 필요한 다양한 Intervention을 개발하여 제공하고, 이들을 종합적으로 관리합니다. 이 과정에서 학점 이수제처럼 몇 학점을 이수해야 한다거나 이를 승진과 연계하는 강제 조항은 없습니다. 그럼에도 A사의 경우 IDP 제도가 원활히 시행되고 있습니다. A사도 2000년대 초반까지는 학점 이수제를 실시하였습니다. 그러다가 학점 이수제를 통해 교육에 대한 조직 구성원들의 관심이 높아졌고, 교육에 대한 양적 성장이 이루어졌다고 판단한 후 A사는 IDP 제도를 설계하여 시행하게 되었습니다. 조직 구성원 그 누구도 학점이 부족해서 교육 과정에 참여하는 경우는 없습니다. 모두 자신들의 판단에 의해 자유롭게 선택합니다. 학점 이수제를 시행했을 때는 자신의 직무나 관심과는 큰 연관이 없지만 학점 이수제도에서 요구하는 학점을 확보하기 위해 교육에 참여하는 조직 구성원들이 꽤 많았습니다. 직급 체류 기간 동안 특정 학점 이상을 확보해야 승진할 수 있었기 때문입니다. 학점을 확보하지 못하면 승진에 불리하도록 제도가 설계되는 경우가 많았습니다. 그래서 제가 프로젝트 관리 과정 강의 시 경험했던 사례와 같은 현상이 발생하게 됩니다. 연말인데 올해 취득해야 할 학점은 확보하지 못했고, 어떻게 할까 고민을 하다가 자신의 직무 수행과 큰 관련이 없는 프로젝트 관리 과정이 개설되자 대거 수강하는 현상이 발생합니다. 조직 관점에서 보면 불필요한 자원의 소모입니다. 하지만 IDP 제도 하에서는 몇 학점을 이수해야 한다는 강제 규정이 없습니다. 자신의 개발을 위해 필요한 학습 활동을 선택하여 수행하면 됩니다. 그것이 형식 교육의 형태이든 비형식 교육의 형태이든 무관합니다. 따라서 교육 과정에 대한 몰입이 상대적으로 높습니다.

지금까지 HRD의 가장 대표적인 학점 이수제와 IDP 제도에 대해 살펴보았습니다. 앞서 언급한 것처럼 학점 이수제는 교육에 대한 조직 구성원들의 관심을 높이는 데 매우 유용한 제도입니다. 따라서 아직 교육에 대한 관심과 토양이 부족한 회사에는 학점 이수제가 적합합니다. 하지만 회사의 조직 구성원들이 충분히 교육에 관심을 가지고 있으며 양적 성장도 충분히 한 상태라면, 강제성을 가지고 있는 학점 이수제보다는 IDP 제도로의 전환이 적합합니다.

6

# 연간 교육 훈련
# 계획 수립 프로세스

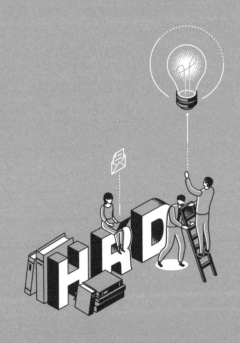

이번 파트에서는 연간 교육 훈련 계획 수립을 위한 프로세스를 살펴보겠습니다. 여러분의 회사에서는 연간 교육 훈련 계획을 어떤 방식으로 수립합니까? 그냥 올해 했던 교육의 차수를 기반으로 인원 증감을 고려하고, 물가 상승률을 감안한 곱하기 정도인가요? 전 사 HRD 부서와 영업 교육 팀의 교육 계획에 중복되는 교육 과정이 발생해 조직의 자원이 중복 투자되지는 않습니까? 아니면 타 조직의 교육 계획을 아예 모르고 있지는 않나요?

조직의 경영 목표 달성에 적합한 연간 교육 훈련 계획 프로세스를 추천하고자 합니다. 제가 추천하는 교육 훈련 계획의 핵심 프로세스는 다음과 같습니다. 첫째, 조직 또는 사업부의 CBI를 분석합니다. 둘째, 분석된 것을 토대로

Performance Requirement를 도출합니다. 셋째, 교육 계획 초안을 개발합니다. 넷째, 최종안을 확정 짓습니다. 이 4가지 절차를 좀 더 구체적으로 살펴보겠습니다.

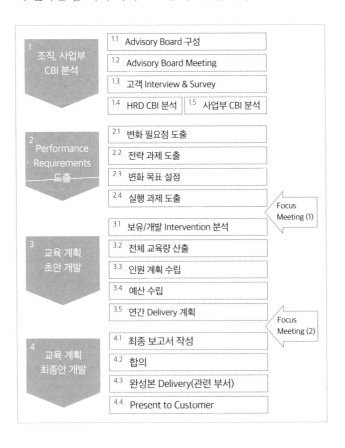

연간 교육 훈련 계획 수립 프로세스

## 1) 조직, 사업부의 CBI 분석

여기서 CBI란 'Critical Business Issue'인데 회사의 중요한 핵심 이슈 정도로 해석할 수 있습니다. CBI를 도출하기 위해서는 먼저 자문 위원회를 구성합니다. 자문 위원회는 사업의 전략적 파트너로서 HRD 전개를 위해 Business Needs를 신속히 파악하고 심의하기 위한 회의체입니다. 회사에 따라 다르겠으나 조직의 비즈니스 이슈와 니즈를 신속히 전달할 수 있는 사람으로 선정해야 합니다. 예를 들면 전략 기획 팀장, 인사 팀장, 혁신 팀장, 기술 기획 팀장, 생산 관리 팀장, R&D 기획 팀장 등이 대표적입니다. 이후 이들과 함께 자문 위원회 회의를 개최합니다. 이 미팅에서 HRD가 자문 위원회에게 주로 할 수 있는 질문은 다음과 같이 정리할 수 있습니다.

- 회사가 직면하고 있는 가장 중대한 이슈는 무엇인가?
- 이러한 이슈에 대한 회사의 전략과 목표는 무엇인가?
- 현재의 모습은 어떠한가?
- 목표 달성을 위해 바람직한 성과나 새로운 지식이 요

구되는 계층이나 대상은 누구인가?

- 어떤 지식과 기술이 필요한가?

- 성공적인 사업 전개를 위해 HRD가 지원해야 할 과제
  는 무엇인가?

회사 차원에서의 CBI가 도출되었다면, 교육 필요층을 대상으로 한 인터뷰나 조사와 함께 HRD 부서와 각 연구 개발, 영업/마케팅, 스태프 등 사업부의 CBI도 도출합니다. 사업부 CBI 도출 시에도 동일한 질문이 가능합니다.

## 2) Performance Requirement 도출

CBI 도출은 다음 단계인 성과 요구 도출을 위한 것입니다. CBI를 통해 변화가 필요한 부분 또는 전략 과제가 도출되면 변화의 대상이 누구인지, 변화의 목표는 무엇인지를 통해 HRD의 실행 과제를 뽑아냅니다. 만약 오른쪽 그림과 같이 사업의 급속한 성장에 따라 현장 감독자가 급증하는 것이 회사의 핵심 이슈인 CBI라고 한다면, 감독자들을 대상으로 한 코칭이 필요하므로 '감독자 코칭 과정

개발'이라는 실행 과제가 도출되는 것입니다. 실행 과제
가 도출되면 자문 위원회 등 관계자들과 함께 컨센서스를
이루는 미팅을 통하여 검증을 하는 것이 도움 됩니다.

| CBI & 전략 과제 | 변화 대상 | 새로운 Task | Change Needs | 실행 과제 |
|---|---|---|---|---|
| 예)<br>Marketing력 확보 | 경영자, 관리자 | Market Analysis | Grobal Market 전략 및 Target을 설정할 수 있다.<br><br>제품 수요, 판매 전략 등을 포함한 마케팅 계획을 개발할 수 있다. | Grobal Market 전략 과정 개발/운영 |
| 사업 급속 성장에 따른 생산직 감독자의 급증 | 감독자 | 부하 지도 | 감독자는 자기 사원에게 Coaching을 잘할 수 있다. | 감독자 Coaching 프로그램 개발, Coaching 매뉴얼 개발 |

## 3) 교육 계획 초안 개발

이해관계자들과의 미팅을 통해 실행 과제들이 확
정되면 이제 교육 계획 초안을 만듭니다. 먼저 기존의
Intervention으로 실행 과제에 대응이 가능한지 또는 새롭

게 만들어 실행 과제에 대응해야 하는지를 분석합니다. 그러면 자연스럽게 차년도 전체 교육량이 산출될 것이고, 여기에 맞는 소요 인원과 예산이 도출될 것입니다. 이를 바탕으로 교육 계획 초안을 작성하여 역시 이해관계자들과 컨센서스 미팅을 가지도록 합니다. 필요한 경우 수정 및 보완할 수 있습니다.

### 4) 교육 계획 최종안 확정

자문 위원회 등 이해관계자들과의 미팅에서 교육 계획 초안에 대한 컨센서스를 이룬 후에 결재와 합의를 받고 주요 관계자들에게 공표하면 됩니다.

지금까지 전략적 연간 교육 훈련 계획 수립의 절차에 대해 간단하게 살펴보았습니다. 앞에서 제안한 '연간 교육 훈련 계획'과 그냥 올해 했던 교육의 차수를 기반으로 인원 증감을 고려하고 물가 상승률을 감안한 곱하기 정도만 한 '형식적인 계획'과의 차이가 무엇일까요? 바로 조직의 CBI를 밝히기 위한 노력과 그 CBI에서 HRD의 차년도 실행 과제를 도출하는 것입니다. 이는 HRD가 회사의 경영 목표 달성에 필요한 HRD 과제를 발굴 및 실행하고, 이를 통해 조직의 성장과 발전에 꼭 필요한 전략적 파트너로서 자리매김하기 위한 것입니다. 체계적이고 전략적인 연간 교육 훈련 계획 수립을 통해 조직 전반의 지지와 지원을 확보하는 HRD의 모습이 필요할 것입니다.

# ㄱ

## 역량
## 모델링

앞서 HRD 용어 소개에서 CBC는 'Competency Based Curriculum'의 약자로 역량 기반 교육 체계를 의미하는 것으로 설명했습니다. 조직 구성원들에게 필요한 역량을 규명해 내고 이것을 기반으로 교육 체계를 만든 것입니다. CBC를 하기 위해서는 역량 모델링을 해야 합니다. 역량 모델은 우수한 성과를 내는 사람들의 행동 특성을 구체적이고 경험적으로 밝혀내는 것을 말합니다. 물론 구성원의 행동 특성을 어떻게 정의할 것인가에 대해서는 연구자에 따라 약간씩 입장을 달리하지만, 직무 수행에 요구되는 행동 특성을 파악하기 위해 과학적으로 자료를 수집하고 정교화 하는 과정을 거친다는 점에서는 거의 유사하다고 볼 수 있습니다. 이제 역량 모델링을 하는 가장 일반적인 방법론에 대해 살펴보겠습니다.

역량모델링을 하는 가장 일반적인 절차는 다음과 같은 5단계를 거칩니다. 직무 파악 및 직무 산출물 검토 → 핵심 직무 산출물 도출 → 핵심 직무 산출물 도출에 필요한 활동 규명 → 규명된 활동에 요구되는 KSA 파악 → 핵심 직무 역량 규명. 조직 내에 존재하는 직무는 다양하게 있을 수 있으나 이해하기 쉽게 HRD 직무를 예로 들어 각 단계를 살펴보겠습니다.

## 1) 직무 파악 및 직무 산출물 검토

가장 먼저 조직 내에 존재하는 직무는 무엇이며, 몇 개의 직무가 존재하고 있는지 밝혀냅니다. 그리고 이들 직무를 수행함으로 인해 도출되는 결과물이 무엇인지를 밝혀냅니다.

표에서 보는 것처럼 HRD 직무 수행을 다시 세분화하여 교육 과정 마케팅, 교육 과정 설계, 교보재 개발, 강의 및 Facilitation, 연수 시설 및 기사재 관리, 평가, 조직 관리,

| 직무 영역 | 직무 산출물 |
|---|---|
| 교육 과정 마케팅 | • 교육 과정이나 서비스에 대한 명확한 이미지 제시<br>• 교육 과정이나 서비스에 대한 계획서<br>• HRD를 장려하고 정보를 제공하기 위한 도구<br>• 내부 고객을 위한 프레젠테이션 |
| 교육 과정 설계 | • 개인 혹은 조직 행동에 대한 분석<br>• 개인/조직/조직의 성과 차이를 측정할 수 있는 진단 도구<br>• 바람직한 개인 혹은 집단 성과에 대한 정의 기술서<br>• 교육 과정 목표 제시<br>• 교육 과정 설계서 |
| 교보재 개발 | • 그래픽 중심의 교재, 시청각 매체, 책자 등 인쇄된 교재<br>• 교수자/진행자용 안내서 |
| 강의 및 Facilitation | • 강의용 슬라이드<br>• 교재<br>• 집단 토의 진행<br>• 학습 결과에 대한 진단과 피드백 |
| 연수 시설 및 기자재 관리 | • 시설과 기자재 선정표<br>• 시설이나 기자재 운영 계획표<br>• 교육 과정과 학습자 등 정보 기록<br>• 참가자에 대한 시설, 기자재 지원과 서비스 |
| 평가 | • 평가 설계와 계획서<br>• 평가 도구<br>• 평가 결과 피드백 보고서 |
| 조직 관리 | • HRD 예산 계획서<br>• 중장기 HRD 전략 계획서<br>• 직원 성과 관리 |
| 조직 컨설팅 | • 선정된 조직 진단 도구<br>• 조직 진단 결과 보고서<br>• 진단 결과 프레젠테이션<br>• 진단 결과에 대한 Intervention |

조직 컨설팅으로 분류해 보고, 각각의 세부 항목별로 산출되는 결과물이 무엇인지 뽑아냅니다.

## 2) 핵심 직무 산출물 도출

앞선 단계에서 직무별로 직무 산출물이 도출되면 이제 핵심 직무 산출물이 무엇인지 찾아냅니다. 핵심 직무 산출물을 찾아낼 때는 해당 직무에서 산출물의 업무상 중요도와 교육적 필요성의 2가지 관점에서 모두 높은 점수를 줄 수 있다고 판단되는 것을 뽑아냅니다. 모든 직무 산출물에 대해 교육적 intervention이 개입되는 것은 효율적이지 못하기 때문입니다.

## 3) 핵심 직무 산출물 도출에 필요한 활동 규명

이 단계에서는 HRD라는 직무 수행에도 중요하며, 교육적 필요성의 정도 또한 높은 산출물을 만들어 내기 위해 HRD 담당자가 어떤 행동을 하는지를 밝혀내야 합니다.

## 4) 규명된 활동에 요구되는 KSA 파악

이 단계의 활동은 다음의 표로 파악해볼 수 있습니다.

| 핵심 산출물 | 활동(Activity) | 지식 | 기술 | 태도 |
|---|---|---|---|---|
| 내부 고객을 위한 프레젠테이션 | • 고객의 니즈를 파악한다.<br>• 파워포인트로 프레젠테이션 자료를 작성한다.<br>• 고객들 앞에서 스피치를 한다. | 고객 니즈 조사기법 | • 파워포인트 활용<br>• 스피치 기법 | 고객 지향 마인드 |
| 시청각 매체 | • 동영상 매체를 찾는다.<br>• 편집기를 사용하여 동영상을 편집한다.<br>• 편집한 동영상 파일을 파워포인트 강의용슬라이드에 옮긴다. | | 편집기 활용 | • 꼼꼼함<br>• 인내심 |

여러 가지 직무 산출물 중에서 내부 고객을 위한 프레젠테이션이 중요한 핵심 산출물로 뽑혔다고 가정해 봅시다. 그렇다면 내부 고객을 위해 프레젠테이션을 할 때 HRD 담당자가 수행하는 Activity, 즉 활동이 무엇인가를 규명합니다. 그러면 그 활동을 수행하는 데 어떠한 지식과 기술, 태도가 요구되는지 표에서 제시된 것처럼 알아볼 수 있습니다.

## 5) 핵심 직무 역량 규명

KSA가 모두 도출이 되면 이제 핵심 직무 역량을 규명해야 합니다. 고객 니즈 조사, 파워포인트 활용, 고객 지향 마인드, 편집기 활용, 인내심 등 KSA를 모두 모아 보면 유사한 것들이 있습니다. 이들을 모으면 됩니다.

오른쪽 표에서처럼 유사한 지식, 기술, 태도를 모두 모아봅니다. 조사 기법, 정보 수집 절차, 대상 집단 정보, 고객 니즈에 대한 정보 분석, 이해관계자에 대한 정보, 핵심 니즈 파악 스킬 등 유사한 KSA를 모았습니다. 그리고 이러한 KSA의 모음을 한마디로 '정보 수집 가공 역량'이라고 역량 모델링을 추진하는 담당자가 알기 쉽게 이름을 붙이는 것입니다. 하지만 정보 수집 가공 역량이라고만 하면 명확하게 의미를 파악하기 어려울 수 있습니다. 따라서 "필요한 자료 및 정보에 대한 수집 계획과 절차를 세우고, 다양한 방법과 도구를 활용하여 자료와 정보를 수집하며, 의도에 맞게 가공하는 역량"이라고 구체적으로 그 의미를 정리하는 것입니다. 이런 방식으로 정리하면 HRD 담당자

| KSA Grouping | 직무 역량의 명명 | 역량 정의 |
|---|---|---|
| 조사 기법, 정보 수집 절차, 대상 집단 정보, 고객 니즈에 대한 정보 분석, 이해관계자에 대한 정보, 핵심 니즈 파악 스킬, 의미 명료화 스킬, 조직화 스킬, 정보 검색 방법, 정보 수집 방법 | 정보 수집 가공 역량 | 필요한 자료 및 정보에 대한 수집 계획과 절차를 세우고, 다양한 방법과 도구를 활용하여 자료와 정보를 수집하며, 의도에 맞게 가공하는 역량 |
| 프레젠테이션 기술, 강의 스킬, 스피치 기법, 파워포인트 활용 | 프레젠테이션 역량 | 목적된 의도가 달성될 수 있도록 언어와 보조 도구로 정보를 전달할 수 있는 역량 |
| 미디어 활용 스킬, 편집기 활용 스킬, 꼼꼼함 | 미디어 활용 역량 | 다양한 매체를 활용하여 필요한 정보를 가장 적합한 형태로 제공하거나, 정보 자료를 사용할 매체의 특성에 따라 가공할 수 있는 역량 |
| 학습자 정보, 목표 진술 방법 이해, 학습 목표와 성과의 구성요소, 성인 학습 이론, 학습 유형 기법, 학습 내용 선정 조직, 학습 평가, 교육 공학에 대한 지식, 교수 매체 특성, 학습 내용의 선정과 조직, 학습 실행, 대상 집단 정보, 내용 구조화 스킬 | 교육 과정 개발 역량 | 성인 학습자의 일반적인 특성에 대한 이해를 바탕으로 학습 목표, 학습 내용, 학습 방법과 유형, 학습 평가를 계획하고 수립할 수 있는 역량 |
| 조직 성과 구성 요소에 대한 지식, 진단 이론, 진단 절차, 평가에 대한 지식, 평가 결과 활용 정보, 평가 설계, 평가 절차, 평가 기준(성과 항목) 정보, 평가 내용에 대한 지식, 문항 개발 스킬, 평가 스킬, 수행 역량 조사 기법 | 조직 컨설팅 역량 | 진단 및 평가에 대한 이해를 바탕으로 각종 교육 훈련 프로그램이나 장기 계획 등에 대한 진단과 평가 기준을 설정하고, 진단 및 평가 문항의 개발/실행을 통해 그 결과와 시사점을 도출하는 데 필요한 역량 |

의 직무 역량은 정보 수집 가공 역량, 프레젠테이션 역량, 미디어 활용 역량, 교육 과정 개발 역량, 조직 컨설팅 역량 등과 같이 도출되는 것입니다. 그런데 프레젠테이션 역량은 아마도 다른 직무에 대한 역량 모델링을 할 때도 도출될 것입니다. 이런 역량들은 따로 빼서 '공통 직무 역량'으로 묶어버리고 해당 직무에만 나타나는 것을 '직무 역량'으로 규정하는 것이 좀 더 합리적입니다.

지금까지 HRD 직무를 예로 들어 역량 모델링 절차를 간단하게 설명했습니다. 현재 학교 및 사회교육기관, 기업체 등 각종 조직의 다양한 교육 과정에서 사용되고 있는 역량의 개념은 미국 심리학자인 White와 McClelland에 의해 처음으로 소개되었습니다. 1959년 White는 역량을 인간의 특성으로 새롭게 분리해 냈습니다. 이후 McClelland는 White의 연구를 정립하고 확장하였으며 1979년 '지능 검사에 대한 역량 검사의 우월성 Testing for competence rather than intelligence'이라는 논문을 통해 인종, 성, 사회경제적 계층에 따른 편견을 배제할 수 있는 역량의 개념을 제안하였습니다. 앞에서 제시한 역량 모델링 방식은 매우 일반적이고 간편한 방식입니다. 따라서 우수한 성과자에 대한 관찰이나 행동 인터뷰, 해당 직무 관련 전문가를 대상으로 한 델파이 방법 등 다양한 형태의 방법과 기법을 통해 얻은 자료를 반영하여 조직에 존재하는 직무의 핵심 직무 역량을 구명하고, 그 결과를 다른 회사의 결과들과 비교 · 통합하는 접근법이 필요할 것입니다.

# 체제적 교수 설계를
# 위한 ADDIE

여러분들은 회사에서 새로운 교육 과정의 개발이 필요한 경우 어떻게 대응합니까? '사내 강사 양성 과정'의 실시가 필요하다고 한다면 어떻게 하겠습니까? 여러분들과 협력하고 있는 교육 컨설팅 회사에 전화하여 사내 강사 양성 과정 제안서를 보내달라고 하겠습니까? 이것이 가장 손쉬운 방법일 수 있습니다. 하지만 HRD 전문가로서 성장 발전하기 위해서는 스스로 단위 교육 과정을 개발하는 역량이 필요합니다. 이제부터 '사내 강사 양성 과정'과 같은 특정 교육 과정 개발을 위해 추천되는 ISD 모델을 살펴보겠습니다.

ISD는 'Instructional System Design'의 약자입니다. 보

통 '체제적 교수 설계'로 번역됩니다. ISD 모델을 이해하려면 Instruction과 System이라는 용어를 이해해야 합니다. 먼저 Instruction은 '교수教授'로 번역되는데 사실 '수업'이 좀 더 적합한 번역이라 할 수 있습니다. 왜냐하면 교수는 영어의 'Teaching'에 더 적합하기 때문입니다. 교수가 가르치는 입장을 강조한 것이라면, 수업은 가르치는 입장에서의 교수와 배우는 사람 입장에서의 학습을 동시에 포괄하고 있습니다. 교수가 잘 가르치는 데 그 목적이 있다면, 수업의 궁극적인 목적은 학습 효과를 극대화하는 데 있습니다. 체제System는 많은 구성 요소들이 공동의 목표를 달성하기 위해 한 방향으로 나아가는 것을 의미합니다. 교수 체제 또는 수업 체제를 구성하는 요소에는 강사, 학습자, 교육 내용, 교육 방법, 매체, 학습 환경, 시설 등이 해당됩니다. 이들 각각은 서로 독립적으로 자신들의 존재 목적을 가지고 있습니다. 하지만 이런 요소들이 유기적으로 연결되어서 '학습 효과의 극대화'라는 궁극적 목적을 위해 한 방향으로 움직입니다. 따라서 ISD란 다양한 수업 체제 구성 요소들을 유기적으로 연결시켜 학습 효과를 극대화할 수 있도록 교육 과정을 개발하는 활동입니다. 그리고 ISD의 전체 프로세스를 정리하면 ADDIE로 구분할 수 있습니다. ADDIE는 교육 과정 개발 시 추천되는 5단계입니다. Analysis분석, Design설계, Development개발, Implementation실행, Evaluation평가으로 각 단계의 영어 앞글자를 따서 만든 것입니다. 각 단계에서의 주요 활동에 대해 하나씩 살펴보겠습니다.

### 1) Analysis

Analysis는 분석 단계입니다. 분석 단계는, 집을 짓는 것에 비유하면 건축사가 건축주에게 어떤 집을 짓고 싶은지 확인하고 물어보는 단계라고 생각하면 됩니다. 초가집을 만들고 싶은지, 기와집이나 양옥을 짓고 싶은지, 큰 통유리 창문을 원하는지, 다락방이 필요한지 등을 확인하고 결정하는 과정입니다. 분석 단계에서의 주요 활동은 크게 3가지입니다. 바로 교육 과정의 목적을 설정하고, 이를 바

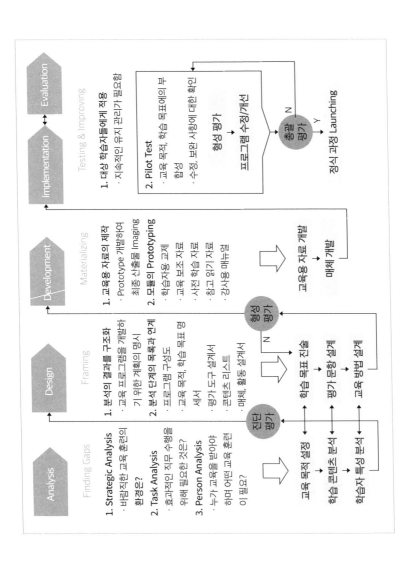

체제적 교수 설계를 위한 ADDIE

**Analysis**

Finding Gaps

1. Strategic Analysis
   · 바람직한 교육 훈련의 환경은?

2. Task Analysis
   · 효과적인 직무 수행을 위해 필요한 것은?

3. Person Analysis
   · 누가 교육을 받아야 하며 어떤 교육 훈련이 필요?

교육 목적 설정

학습 콘텐츠 분석

학습자 특성 분석

진단 평가

**Design**

Framing

1. 분석의 결과를 구조화
   · 교육 프로그램 개발하기 위한 계획의 명시

2. 분석 단계의 목표와 연계
   · 프로그램 구성도
   · 교육 목적, 학습 목표 명세서
   · 평가 도구 설계서
   · 콘텐츠 리스트
   · 매체, 활동 설계서

학습 목표 진술

평가 문항 설계

교육 방법 설계

형성 평가

N

**Development**

Materializing

1. 교육용 자료의 제작
   · Prototype 개발하여 최종 산출물 Imaging

2. 모듈의 Prototyping
   · 학습차용 교재
   · 교육 보조 자료
   · 사전 학습 자료
   · 참고 읽기 자료
   · 강사용 매뉴얼

교육용 자료 개발

매체 개발

**Implementation**

Testing & Improving

1. 대상 학습자들에게 적용
   · 지속적인 유지 관리가 필요함

2. Pilot Test
   · 교육 목적, 학습 목표에의 부합성
   · 수정, 보완 사항에 대한 확인

형성 평가

프로그램 수정/개선

**Evaluation**

총괄 평가

N

Y

정식 과정 Launching

탕으로 교수 내용과 학습자 분석을 하는 단계입니다. 교육 과정의 목적을 설정한다는 것은 이 교육이 실시되어야 하는 비즈니스상의 필요성이 무엇인가를 검토하는 것입니다. 그리고 이를 바탕으로 비즈니스 필요성이 충족되기 위해서는 어떠한 내용이 학습자들에게 제공되어야 하는지 교수 내용의 분석이 필요합니다. 또한 교육 과정의 대상이 되는 학습자들은 어떤 특성을 가지고 있는지에 대한 검토도 필요합니다.

## 2) Design

건축주가 어떤 집을 원하는지 알게 된다면 건축사는 이제 이를 바탕으로 설계도를 그리게 됩니다. Analysis에서 교육 과정의 목적이 설정되고 이를 바탕으로 교수 내용과 학습자 분석이 끝나면 이제 설계에 해당하는 Design 단계로 접어듭니다. Design 단계에서는 학습 목표 진술, 평가 도구 개발, 교수 전략 개발의 활동이 이루어집니다. Analysis에서 교육 과정의 전체적인 추진 배경과 목적이 진술되었다면 Design 단계에서는 좀 더 구체적이고 측정 가능한 수준에서의 학습 목표를 진술하게 됩니다. 그리고 교육 과정이 종료되고 난 후, 학습 목표가 달성되었는지를 어떤 방식으로, 어떤 내용으로 평가할 것인지에 대한 논의가 이루어집니다. 학습 목표를 효과적으로 달성하기 위해 어떠한 교육 방법을 적용할 것인지도 검토하게 됩니다. 즉 강의를 할 것인지, 게임 기법을 쓸 것인지, 토의와 토론은 어느 정도까지 적용할 것인지 등에 대한 검토입니다. 전통적인 교육 과정 개발과 ISD 모델의 가장 큰 차이는 바로 Design 단계입니다. 전통적인 교육 과정은 학습 목표나 학습 내용 선정의 근거가 부족할 뿐만 아니라 교육 방법과 평가 간의 관계가 독립적으로 상정되어 높은 교육 효과를 기대하기 어려웠습니다. 반면 ISD 모델은 필요한 교육을 필요한 사람에게 필요한 방법으로 할 수 있도록 학습 목표, 학습 내용, 방법 및 평가를 유기적으로 통합하였기 때문에 학습 효과를 극대화할 수 있습니다.

### 3) Development

건축가가 설계도를 다 작성하고 나면 본격적으로 시공 업자를 불러 실제 설계도에 그려진 그대로 골조 공사를 하고, 벽돌을 올려 시멘트를 바르고, 지붕을 올립니다. 교육 과정 개발에서 Development 단계 역시 학습 목표에 따라 교수 전략이 실행될 수 있도록 교육 과정 운영에 필요한 모든 자료를 실제로 제작하는 단계입니다. 개발 단계에서 도출되는 주요 산출물은 강사의 강의용 슬라이드, 학습자용 교재, hand-out 자료, 강사용 매뉴얼, 사전 학습 자료 등입니다.

### 4) Implementation

실행 단계인 Implementation은 흔히 말하는 파일럿 테스트 단계입니다. 교수자가 실제 학습 대상자를 상대로 개발한 교육 과정을 최초 계획한 시간대로 진행해 보는 것입니다. 다음 단계인 평가는 이렇게 실행한 것을 토대로 이루어집니다.

## 5) Evaluation

Evaluation은 평가를 하는 것입니다. 교육 과정이 목적한 바를 효과적이면서도 효율적으로 달성하도록 운영되는지 파악하여 수정 및 보완 사항에 대해 확인하는 단계입니다. 그리고 필요한 사항에 대해 수정 및 보완을 실시합니다. 이후 정식 교육 과정으로 론칭을 합니다.

체제적 교수 설계 ISD는 군대에서 잘 훈련된 군인 육성의 필요성에서 생겨난 것으로 알려져 있습니다. 이후 기업에 정착된 ISD 모델은 교육 과정을 통해 학습자들의 KSA를 변화시킴으로써 직무 역량을 높여 경영 성과를 극대화하기 위한 교육적 전략으로 자리매김하게 되었습니다.

# 9

# 교육 요구 분석은
# 왜 필요할까?

조직 구성원들이 보여주어야 하는 Should-Be의 행동과 As-Is의 행동 간에 존재하는 차이를 수행 문제라고 합니다. '부하 육성이 제대로 되지 않는다.'라는 수행 문제가 발견되면, 이것이 조직의 성과 창출에 중요한 문제인가를 질문해야 합니다. 그리고 이것이 중요한 문제라고 판단되면 KSA가 부족한 것인지 아니면 다른 요인 때문인지를 밝혀야 합니다. KSA의 부족에 기인한 것이라면 HRD에서 관련 Intervention을 제공해야 합니다. 이때 조직 구성원이 보여주어야 할 Should-Be의 모습과 As-Is의 모습에 존재하는 수행 문제를 찾은 다음 KSA의 부족인지 아니면 다른 요인 때문인지를 밝히는 것을 '요구 분석'이라고 합니다. 그리고 KSA가 부족할 경우 어떤 KSA가 부족하며, 이

때 어떤 HRD의 Intervention이 필요한지 검토하고 제안하는 것을 '교육 요구 분석'이라고 합니다.

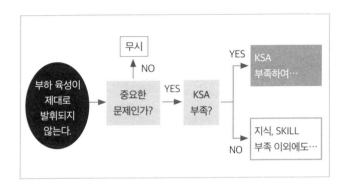

이제 '사내 강사 양성 과정'을 실시해야 한다는 가정하에 교육 요구 분석을 어떻게 할 것인가에 대해 살펴보겠습니다. 만약 사장님께서 여러분들에게 '사내 강사 양성 과정'을 실시하라는 미션을 부여했다면 어떻게 교육 요구 조사를 하겠습니까? 구체적으로 누구를 '대상'으로 어떤 '방법'을 통해 무슨 '내용'을 알아내겠습니까? 여러 가지 선택할 수 있는 방안이 있을 것입니다.

먼저 사내 강사 양성 과정을 실시하라고 지시한 사장

(대상)에게 인터뷰(방법)를 통해 왜 무엇 때문에 사내 강사 양성 과정을 실시하라고 했는지(내용) 알아볼 필요가 있을 것입니다. 그리고 현재 사내에서 강의를 실시하고 있는 몇몇 사내 강사(대상)에게 인터뷰(방법)를 통해 필요한 KSA가 무엇인지(내용) 질문할 수도 있을 것입니다. 사내 강사가 많아서 몇몇을 대상으로 한 인터뷰가 의미 없을 수 있다면 사내 강사 전체(대상)에게 설문 조사(방법)를 통해 필요한 KSA가 무엇인지(내용)를 파악할 수도 있을 것입니다. 사내 강사에게 강의를 들은 학습자들(대상)에게 설문 조사(방법)를 통해 사내 강사들의 강의 역량(내용)에 대해 질문할 수도 있을 것입니다. 현존 자료를 분석할 수도 있을 것입니다. 기존에 사내 강사들에게 강의를 들은 학습자들에게 받은 만족도 설문지(대상)를 찾아 자료를 분석(방법)하여 그들의 의견(내용)을 검토해 보는 것입니다. 또한 HRD 담당자인 여러분들이 사내 강사(대상)가 강의하는 강의장에 직접 들어가서 그들의 강의 장면을 보면서(방법), 어떤 방식으로 강의하는지(내용)를 검토할

수도 있을 것입니다. 예를 든 것처럼 교육 요구 분석은 다양한 사람을 대상으로 여러 가지 방법을 동원하여 검토할 수 있습니다.

　교육 요구 분석의 대상으로는 학습 대상자의 상사나 경영진, 학습 대상자 그리고 SME가 가장 핵심적입니다. 첫째, 학습자들의 상사나 경영진입니다. 교육과 직결되는 사업 요구의 오너owner이며, 교육의 결과에 가장 직접적인 이해득실 관계에 있는 사람입니다. 해당 부문의 CBI를 확인하고, 필요할 경우 교육 과정에 대한 스폰서십sponsorship 형성에도 도움을 받을 수 있습니다. 둘째, 학습 대상자입니다. 학습 대상자들이 느끼는 교육 과정에 대한 이슈를 파악하고, 교육의 주제와 관련된 사전 수준, 그들이 구체적으로 원하는 내용 및 태도 등을 파악해야 할 것입니다. 셋째, SME내용전문가입니다. 교육 내용의 적정 난이도를 결정하고, 개발 과정에서 콘텐츠를 공급하며 교수 전략과 평가 전략을 개발하는 데 도움을 받을 수 있기 때문입니다.

상사나 경영진, 학습대상자, SME 등을 대상으로 교육 요구 분석을 수행하는 방법도 인터뷰, 설문, 워크숍, 직무 분석, 관찰 등 다양합니다. 개개인의 경험을 바탕으로 심도 있는 분석이 필요할 때는 인터뷰를, 다수를 대상으로 정량적인 데이터를 얻고 싶을 때는 설문을, 여러 관련자들과 함께 수행 문제에 대한 다양한 관점을 파악하여 현장감 있는 결과물을 도출하고 싶을 때는 워크숍을, 학습자가 수행하는 직무의 내용을 구체적으로 파악하여 명확한 KSA를 제공하고 싶을 때는 직무 분석을, 실제 수행하는 역할과 직무에 대한 생생한 자료를 구하고 싶을 때는 관찰을 하는 것이 도움 될 것입니다.

교육 요구 분석은 교육이 필요한 부분을 분명히 하여 불필요한 부분에 대해 투자하는 낭비를 제거합니다. 명확하게 밝혀진 교육 요구는 수행 문제를 줄일 수 있는 교육적 해결점들을 정확하게 규명하는 데 도움이 됩니다. 또한 교육 요구 분석을 통해 밝혀진 결과를 통해 설계와 개발 단계에 소요되는 시간을 단축할 수도 있습니다. 따라서 교육 요구 분석은 반드시 수행해야 할 단계입니다.

지금까지 교육 요구를 수행 공학적 관점에서 분석해 보았습니다. 수행 문제는 KSA의 부족 이외의 다른 요인으로 인해 발생하는 경우가 더 많다는 것을 인식하고 있어야 합니다. 따라서 다면적인 관점에서 수행 문제 발생의 원인을 검토해 보아야 하며, 하나의 방법이 아니라 인터뷰와 설문, 설문과 워크숍 등 자료 수집 방법을 두 가지 이상 적용해 볼 필요가 있습니다.

# 10

## 학습 대상자
## 분석하기

교육 과정을 개발하는 ADDIE의 첫 번째 단계인 Analysis 에서 수행해야 할 주요 활동 중의 하나가 학습자 분석입니다. 이는 교육이 효과적으로 이루어지기 위해 HRD 담당자인 여러분들이 개발하는 과정에 참가하는 학습자들의 특성을 밝히고 학습 요구를 수렴하는 단계입니다. 이 단계 역시 사내 강사 양성 과정을 개발하여 실시한다는 가정하에 살펴보겠습니다.

학습자 분석에서 가장 첫 번째로 고려해야 할 개념은 바로 '출발점 행동Entry Behavior'입니다. 출발점 행동이란 교육학적 용어이자 개념으로 학습자들이 교육 과정에 들어와 학습을 하기 전에 가지고 있는 KSA를 말합니다. 즉 학습에 임하는 학습자의 현재 상태를 말합니다. 어떤 학습자는 교육 과정에서 가르칠 내용이나 목표를 이미 알고 있는 경우가 있고, 어떤 학습자들은 그렇지 않을 수 있습니다. 이들을 모두 똑같이 학습하도록 하는 것은 효율적인 교수 활동이 아닙니다. 따라서 교육 과정에 참여하는 학습자들의 출발점 행동을 파악하는 것은 중요한 활동이 될 수 있습니다. 출발점 행동이라는 관점에서 HRD 담당자는 학습자들에 대한 다음의 질문에 답해 보아야 합니다.

- 학습할 내용에 대해 학습자들이 이미 알고 있는 것은 무엇인가?
- 새로운 KSA 습득에 필요한 선수 지식이나 Skill을 가지고 있지 않은가?
- 학습자들의 전반적인 지적 능력은 어떠한가?
- 특정한 교수 전략이나 방법에 대해 학습자들이 가지는 흥미는 어떠한가?

학습 대상자 분석하기

두 번째로 고려해야 할 사항은 학습자들의 일반적인 인구통계학적 특성입니다. 남녀 비율은 어떻게 되는지, 연령대는 어떻게 되는지, 직무의 유형은 어떻게 되는지, 조직 내에서 역할과 경험은 어떠한지 등입니다. 대체적으로 남성들은 목표 지향적이고, 여성들은 관계 지향적입니다. 연령대가 높을수록 교육 과정에 대한 몰입이 높습니다. 하지만 신체적 기능은 젊은 연령에 비해 떨어질 수 있으므로 교재나 강의용 슬라이드의 글자를 크고 간결하게 적용시켜야 합니다. 스태프 부서와 연구 개발 관련 직무 수행자들은 강의장 교육에 참여하는 것에 크게 어려움을 느끼지 않으나 영업, 마케팅 관련 직무 수행자는 고객으로부터의 연락, 여러 곳을 방문하고 찾아다니는 업무 특성상 강의장 교육에 참여하는 것에 대해 상대적으로 어려워하는 경향이 있습니다.

출발점 행동과 인구통계학적 특성을 고려하였다면, 이들 학습자들의 일반적인 특성은 어떠한 것이 있는지도 고민해 볼 필요가 있습니다. 성인으로서의 학습자들이 교육에 참여하는 것은 크게 3가지로 그 이유를 나눠볼 수 있습니다. 첫째, 목표 지향적 이유입니다. 회사 또는 HRD 부서, 아니면 상사의 지시나 추천을 따르거나 수행 직무에서의 전문성을 향상하기 위해서입니다. 둘째, 활동 지향적 이유입니다. 업무 수행에서의 지루함을 탈피하거나 교육을 통해 사람들과 교류하기 위해서입니다. 셋째, 학습 지향적 이유입니다. 단지 학습 자체를 즐기는 유형으로, 자신을 위하여 지적 호기심을 충족하기 위해서입니다. 학습자가 어떠한 이유로 교육 과정에 참여하든 간에 교육의 효과를 높이기 위해서는 일반적인 원리가 도출될 수 있습니다. 학습자들이 교육에 참여하는 동기 요인을 감안하여 학습자들의 특성을 제시하면 다음과 같습니다.

첫째, 자발적 학습의 원리입니다. 자발적 학습이란, 타인으로부터 강제된 것이 아닌 스스로의 의지에 기초하여 행하는 학습을 말합니다. 아동은 생리적, 정신적, 사회적으로 성인 의존적입니다. 아동은 교육받는 것이 그들의 중심적 역할입니다. 하지만 성인이 되어 회사에 입사하여 일을 하면서 자립적인 자기 개념을 확립하게 됩니다. 배우고 학습하고자 하는 마음이 없으면 학습이 일어나지 않습니다. 따라서 적절한 동기 부여나 문제의식을 통해 교육이 자신에게 의미 있는 것으로 느껴지게 해야 합니다.

둘째, 상호 학습의 원리입니다. 이는 교수자와 학습자 사이에 서로 배우고 가르치는 활동이 일어난다는 것을 의미할 뿐만 아니라 동일한 목적을 지닌 학습자 상호 간에도 가르치고 배우는 활동이 전개된다는 것을 의미합니다. 아동과 달리 다양한 경로를 통해 이미 축적된 경험이 있기 때문입니다. 따라서 교육 과정 운영 시 학습자가 지닌 풍부한 경험을 학습 자원으로 공유함으로써 상호 학습이 가능하도록 준비하는 것이 좋습니다.

셋째, 환경 지배의 원칙입니다. 학습자들은 그들이 학습하는 주변의 물리적 요인에 의해 학습 활동에 영향을 받는다는 것을 의미합니다. 대륙별로 사람의 모습도 다소

다르고 생활 습성도 다른 것처럼, 환경은 인간을 지배하기 마련입니다. 강의장의 Lay-out, 팀 편성, 소음, 조명, 환기 등 학습 목적에 따라 환경을 조성하여 학습의 효과가 최대화될 수 있도록 해야 합니다.

넷째, 성공의 원칙입니다. 최선의 학습은 '직접 수행해보는 것'을 통해 얻어진다고 합니다. 그리고 이 상황에서 긍정적 강화가 있어야 자신의 것으로 습득이 됩니다. 학습한 것을 실행하여 성공하면 만족감을 얻어 현업에서 직무 수행 시 적용해 보아야겠다는 의욕을 가지게 됩니다. 따라서 강의장 안에서 학습한 것을 실현하고 실행하는 경험을 제공하도록 교육 과정을 설계할 필요가 있습니다.


"왜 학습하는가?" 잠시 이 질문을 돌이켜보면, 추가적인 질문이 떠오릅니다. "왜 학습에 관심을 갖는가?", "학습에 대한 그들의 태도는 어떠한가?", "학습이 무엇을 성취하도록 해 준다고 믿고 있는가?", "왜 어떤 사람들은 전혀 학습하지 않는가?", "왜 어떤 사람은 적극적으로 학습하는

가?"와 같은 질문들입니다. HRD 담당자로서 여러분들은
이러한 질문에 대한 답변으로써 학습자 분석을 수행하고
검토하여야 할 것입니다.

# 교육의 목적과
# 학습 목표 분석하기

교육 과정 개발의 ADDIE 모델에서 가장 중요하게 생각하는 것이 바로 교육의 목적을 진술하고 여기에 따라 학습 목표를 진술하는 것입니다. 교육의 목적은 Performance Goal입니다. 따라서 비즈니스 이슈가 포함되도록 진술해야 합니다. 전체적이고 일반적인 교육 과정 개발 또는 실행의 이유입니다. 반면 학습 목표는 달성과 성취의 대상입니다. 앞서 교육이란 인간 행동의 바람직한 변화라고 정의한 바 있습니다. 교육이 종료되고 어떠한 변화가 필요한지를 진술하는 것이 학습 목표입니다. 교육이 끝나고 난 후 학습자들이 보여주어야 할 지향점입니다. 그렇다면 각각 교육 목적과 학습 목표를 어떻게 진술하는지 살펴보겠습니다.

먼저 교육 목적 진술입니다. 교육 목적 진술 시 추천되는 4가지 요소가 있습니다. 바로 학습 대상, 사업 요구, 학습 내용, 학습 결과입니다. 추천되는 4가지 요소에 대한 답변이 바로 교육 목적입니다. 여러분들이 실시하는 교육 과정의 목적은 어떠한지요? 사내 강사 양성 과정의 실시를 예로 다시 살펴보겠습니다. HRD 담당자인 여러분들이, 사내 강사 양성을 실시하라는 지시를 내린 사장님을 대상으로 교육 요구 조사를 위해 인터뷰를 하였다고 가정하겠습니다. 그리고 사장님은 대략 다음과 같이 언급하였다고 가정해 보겠습니다.

'최근 급속한 사업의 성장과 발전으로 사내 교육 활동이 많이 수행됨에 따라 조직 내에 존재하는 지식과 기술의 원활한 축적과 전수를 위해 사내 강사의 활용 비율을 극대화할 필요가 있다. 그런데 내가 듣기로 사내 강사들의 강의 역량이 부족하다. 그래서 사내 강사들이 그들이 가진 지식과 경험을 효과적으로 전달할 수 있도록 하고 싶은 것이다.'

사장님과의 인터뷰를 통해 밝혀진 정보를 바탕으로 사내 강사 양성 과정의 교육 목적을 4가지 요소에 따라 어떻게 정리할 수 있을까요? 물론 다른 교육 요구 조사가 필요하며, 상황에 따라 다를 수 있으나 주어진 정보만을 근거로 해서 다음과 같이 진술될 수 있을 것입니다.

- 학습 대상: 사내 강사 30명을 대상으로
- 사업 요구: 조직의 지식과 경험이 원활히 축적, 전수될 수 있도록
- 학습 내용: 강의 스피치 기법을 학습함으로써
- 학습 결과: 효과적으로 전달할 수 있도록 함

학습 대상은 명확합니다. 회사의 사내 강사입니다. 30명이라고 가정해 보았습니다. 사업 요구는 신제품의 생산, 신사업 진출, 새로운 직무나 직위의 수행, 기술의 변화, 사업 성장을 위한 변화 등 다양한 유형의 형태로 도출됩니다. 위의 가상 상황에서는 사장님의 입을 통해 사업

요구가 언급되었습니다. 바로 조직의 지식과 경험이 원활히 축적, 전수되어야 한다는 것입니다. 이후 학습의 주요 내용과 학습의 결과, 학습 대상자들이 보여주어야 할 지향점의 모습을 거시적으로 정리하는 것입니다.

교육 과정의 목적이 4가지 관점에서 정리되면 교수 분석과 학습자 분석을 수행합니다. 그리고 ADDIE에서 Design 단계로 접어들어 본격적인 성취 목표 또는 학습 목표 진술의 활동으로 들어갑니다. 학습 목표 진술은 ABCD 원칙이 추천됩니다. 바로 Audience, Behavior, Condition, Degree입니다. 교육의 대상(A), 그들이 보여주어야 할 행동(B), 그 행동이 일어나는 조건(C), 행동의 필요 기준(D)입니다. 사내 강사 양성 과정에서 나올 수 있을 만한 학습 목표 하나를 예로 들어보겠습니다. 어떤 것이 있을까요? 사내 강사들이 효과적으로 지식을 전수하기 위해서는 동영상을 적절히 편집하여 강의 시 활용할 수 있어야 한다는 교육 요구 분석이 있었다고 가정합시다. 이 경우 ABCD의 원칙에 따라 다음과 같이 진술할 수 있을 것입니다.

'한 시간짜리 동영상이 주어지면, 윈도우 미디어 편집 기를 활용하여 다른 사람의 도움 없이 스스로 5분 동영상 으로 편집할 수 있다.'

구체적으로 살펴보겠습니다. 먼저, Audience입니다. 학습의 대상입니다. 하지만 대상이 확실하면 생략 가능 합니다. 앞서 사내 강사 양성 과정의 목적 진술 시 '사내 강사 30명'이라고 이미 특정했으므로 A는 생략합니다. Behavior는 행동을 의미합니다. Lesson 또는 Module 단 위의 학습이 종료된 후 학습자들이 보여주어야 하는 변화 의 행동을 관찰 가능한 행위 동사로 진술하는 것입니다. 이때 행위 동사는 교수자가 아니라 학습자의 용어여야 합 니다. 따라서 '윈도우 미디어 편집기를 활용하여 5분 동영 상으로 편집할 수 있다.'가 학습자들이 보여주어야 할 학습자의 용어로 진술된 행위 동사입니다. Condition은 수행상의 환경으로 학습자에게 주어지는 행동을 할 수 있는 상황입니다. 따라서 '한 시간짜리 동영상이 주어지면'이 이 경우에서의 Condition입니다. 마지막으로 Degree는 학습자에게 요구되는 양적 혹은 질적인 행위 수행의 정도를 말합니다. 여기서는 '다른 사람의 도움 없이 스스로'라고 설정하였습니다. 물론 Degree는 정량적으로 표현할 수 있으면 가장 좋습니다.

이상에서 교육 과정의 목적과 학습 목표 진술 시 추천되는 방식을 살펴보았습니다. 여러분들이 보기에 지나칠 정도로 구체화하고 세분화하여 진술하는 것이 아닌가라는 생각이 들 수도 있습니다. 하지만 교육 과정의 목적과 함께 학습 목표 진술은 여러 가지 의미를 가지고 있으며 반드시 거쳐야 하는 활동입니다. 왜 그럴까요? HRD 담당자인 여러분들은 학습자들이 성공적으로 학습 과정을 이수했는가에 대해 항상 관심을 가져야 합니다. 그렇다면 학습자들이 어떤 모습을 보였을 때 학습 과정을 성공적으로 이수했다고 할 수 있을까요? 그것을 진술하는 것이 바로 학습 목표입니다. 그리고 학습 목표가 ABCD 원칙에 따라 명확하고 구체적으로 진술되어야 정확한 평가 문항을 개발할 수 있습니다.

# 효과적 수업을 위한
# 9 Events

교육 과정을 개발할 때, 한 시간의 Lesson을 어떤 흐름과 순서로 이어가야 할 것인가 고민될 수 있습니다. 강사로서 강의를 할 때도 마찬가지입니다. 아무런 의미 없는 강의용 슬라이드의 나열은 교수 학습의 관점에서 효과적이라고 말할 수 없습니다. 그래서 교수 학습에 대한 이론적인 측면과 실존적인 측면을 체계적으로 연구한 학자가 있습니다. 바로 가네Gagne입니다. 1916년 태어나 미국 브라운 대학교에서 박사 학위를 받은 후, 2002년 운명할 때까지 50여 년간 학습 현상과 교수 방법에 관하여 연구를 수행한 학자입니다. 가네의 연구 중에서 HRD 담당자인 여러분들이 관심을 가지고 살펴볼 필요가 있는 것이 바로 9 Events입니다. 9 Events는 많은 교육학 교재에서 '교수 사태'로 번역되어 있습니다. 9 Events 또는 교수 사태는 교수 및 학습 과정에서 연속적으로 실행되어야 할 9단계의 학습 과정을 설명한 것입니다. 따라서 교수 또는 학습의 9단계로 이해하는 것이 좀 더 쉬울 것입니다. 갸네가 말한 교수의 9단계는 다음과 같습니다. 주의 집중, 학습자에게 목표 알려주기, 선수 학습 재생 자극하기, 학습 과제에 내재한 자극 제시하기, 학습 안내하기, 성취 행동의 유도, 피드백 제공, 성취 행동 평가, 전이 높이기입니다. 9단계를 구체적으로 파악하기 위해 경영 전략 수립 과정 중 '산업 환경 분석'이라는 시간을 가정하여 예를 들어 살펴보겠습니다.

## 1) 주의 집중

주의 집중은 학습 동기를 유발시키기 위한 일차적 요소입니다. 교육 내용과 관련된 시청각 자료의 제시를 통해 학습자의 주의를 획득하는 것입니다. 해당 교육 주제에 대해 바로 교수 활동이 제시되기보다는 관련되는 흥미로운 자극을 제시함으로써 학습의 흥미를 유발시키고자 하는 것입니다.

'산업 환경 분석'이라는 수업 시간이라고 가정했을 때 수업이 시작되면 강사는 갑자기 슬라이드에서 어떤 남자의 사진을 하나 보여줍니다. 강사는 사진 속 남자가 유명한 경영학자인데, 이름이 무엇인지 맞춰보라고 합니다. 학습자들은 그들이 알고 있는 지식을 총동원합니다. 피터 드러커라고 하는 학습자도 있고, 짐 콜린스라고 말하는 학습자도 있습니다. 강사는 이 사람은 '마이클 포터'이며, 산업 환경 분석을 다룬 그의 저서 『경쟁 전략』 출판 이전과 이후로 경영학계는 나뉜다고 설명합니다. 학습자들은 도대체 무엇 때문에 그의 저서 『경쟁 전략』이 그토록 유명한 것인지 호기심을 갖게 될 것입니다. 이것이 바로 학습에 대한 동기를 유발시키는 '주의 집중' 단계입니다.

## 2) 학습자에게 목표 알려주기

학습자의 행동이 어떻게 변화되어야 하는지에 대한

학습의 방향을 제시합니다. 즉 과정 개발 시 진술하였던 Lesson의 구체적인 학습 목표를 제시합니다.

산업 환경 분석에 대해 학습자들의 궁금증이 유발되었다고 판단되면, 이번 시간의 학습 목표를 분명하게 제시합니다. "마이클 포터가 제시한 산업 환경 분석의 5 Forces Analysis를 우리 회사에 적용하여 분석을 수행할 수 있습니다."라고 말해 주는 것입니다. 산업 환경 분석의 틀인 5 Forces Analysis를 학습한 후 학습자들이 어떻게 변화되어야 하는지 제시하는 것입니다.

## 3) 선수 학습 재생 자극하기

교육 내용의 학습을 위해 선행해서 학습해야 할 내용이나 능력을 재생하도록 자극하는 것입니다. 이번 시간 학습할 내용과 관련하여 앞 시간 학습하였던 내용이나 관련되는 내용을 다시 한번 설명하거나 제시하는 것입니다.

지난 시간의 내용을 언급해 주는 것이 가장 일반적입니다. 이번 수업이 산업 환경 분석 시간이며 전 수업 시간은 거시 환경 분석 시간이었습니다. 따라서 앞 시간에 수행했던 거시 환경 분석의 내용을 다시 언급합니다. 그리고 이것이 어떻게 산업 환경 분석과 연결되어 있는지 학습자들에게 알려줍니다. 회사가 속한 경영 환경과 관련하여 간접적인 영향을 주는 거시 환경과 회사가 진출한 특정 업종의 경영 생태계가 어떠한지 파악하는 산업 환경은 밀접하게 관련이 있으며, 이들을 분석하여 후에 종합적인 경영 전략을 수립할 수 있다고 짚어줍니다.

## 4) 학습 과제에 내재한 자극 제시하기

교육 내용과 관련된 자극을 학습자에게 제공합니다. 그림, 사진, 인쇄물, 실물 등 어떤 것을 이용하는가는 학습의 영역에 따라 다릅니다.

이번 시간에는 마이클 포터의 5 Forces Analysis의 사례를 이미지로 제시합니다. 학습자들이 소속된 회사 이외 다른 회사들의 분석 사례를 제시하며, 그들은 어떻게 5 Forces Analysis를 통해 경영 전략을 수립했는지 설명합니다. 타사의 분석 사례를 사진이나 이미지로 제시합니다.

### 5) 학습 안내하기

꼭 알아야 할 핵심적인 원리나 개념 등을 안내해 줌으로써 학습자가 학습 목표에 명시된 특정 능력을 획득하도록 돕습니다. 즉 본격적인 교수 활동이 시작됩니다.

이제 5 Forces Analysis의 이론과 개념을 상세히 설명하는 단계입니다. 5 Forces의 5가지 구성 요소인 경쟁 강도, 잠재 진입자, 공급자, 구매자 그리고 대체재의 개념과 이들이 산업생태계에 미치는 영향을 자세히 설명하는 것입니다.

### 6) 성취 행동의 유도

학습자가 실제로 특정한 내재적 능력을 획득하고 있는지 여부를 확인하기 위해서는 학습자가 행위를 수행하도록 하는 것이 중요합니다. 학습 안내에서 제시한 개념이나 원칙, 원리 등을 제대로 이해하고 있는지 학습자들이 실제 수행해 보도록 하는 것입니다.

학습자들이 실제 5 Forces Analysis를 하는 것입니다. 자신들이 소속되어 있는 회사에 대해 분석을 해 보는 것이 가장 좋습니다. 학습자 혼자서 분석을 할 수도 있고, 4~5명 정도로 하나의 학습 팀을 만들어 상호 토론하며 자신이 소속한 회사에 대해 5 Forces Analysis를 직접 해 보는 것입니다.

## 7) 피드백 제공

학습자의 수행에 대한 정확성 여부를 알려주는 것입니다. 학습 과정 초기에 기대했던 결과가 이 단계에서 결실을 보게 되는 것입니다. 학습자가 성공적인 반응을 보이면, 즉각적인 강화가 제시되는 것이 효과적입니다.

학습자가 수행한 5 Forces Analysis에 대해 강사가 피드백을 수행하는 것입니다. 강사가 제시한 개념과 프로세스를 정확히 이해하고 제대로 분석을 하였는지 또는 분석상 오류가 있는지 파악합니다. 강사가 제시한 개념과 프로세스에 따라 정확히 분석을 한 학습자에게는 적절한 칭찬이 필요합니다. 준비된다면 상품을 제공하는 것도 좋습니다.

## 8) 성취 행동 평가

행동의 평가 역시 피드백을 제공하는 한 방법입니다. 일정한 학습 과제에 대한 학습이 매듭지어지는 단계에서 간단한 연습이나 테스트를 하여 학습의 진전을 확인합니다.

학습자들의 5 Forces Analysis에 대해 개별적으로 평가할 수 있습니다. 어떤 학습 팀은 무엇을 잘해서 몇 점이고, 어떤 팀은 무엇을 잘해서 몇 점이라는 방식으로 평가할 수 있습니다. 또한 학습이 종료되는 단계에서 학습자들이 5 Forces Analysis에 대해 제대로 이해하고 있는지 다시 한 번 질문해 볼 수도 있습니다. 아니면 간단한 퀴즈 문제를 미리 준비하였다가 슬라이드를 통해 제시합니다. 정답 풀이를 하며, 이해 여부를 평가하고 다시 한번 복습을 하는 것입니다.

## 9) 전이 높이기

전이는 특정 정보나 기능, 태도가 다른 영역의 활동에까지 영향을 미치는 것입니다. 학습한 교육 내용을 실생활이나 업무 현장에서도 활용할 것을 전달하는 것입니다. 이를 위해서는 해당 개념의 원리나 개념을 철저히 학습해야 합니다.

이제 특정 단원의 수업을 마무리하며 강사는 학습한 5 Forces Analysis를 실제 직무 수행 시 활용해 볼 것을 당부합니다. 이를 통해 좀 더 분석적이고 논리적인 경영 전략 수립이 가능할 것이라고 설명합니다.


지금까지 갸네의 9단계 교수 활동에 대해 알아보았습니다. 이러한 9단계가 항상 일정한 순서대로 일어나는 것도 아니고 반드시 모두 제공되어야 하는 것도 아닙니다. 교육이란 복잡하고도 특수한 상황에서 여러 가지 제약을 받기 때문에 교육 운영에 있어 매 순간 적절한 선택을 해야 합니다. 다만 9개의 기본적인 단계로 교육이 운영될 때

가장 효과적인 교수 학습이 전개될 수 있다는 측면에서
교육 과정을 설계하고 개발할 때 고려해 볼 수 있습니다.

# 학습 동기 부여를 위한 ARCS

HRD 담당자들이 교육 과정을 설계하고 개발할 때 고려해야 할 요소에는 어떤 것이 있을까요? 그 첫 번째가 바로 효과성과 효율성입니다. 효과성이란 HRD 담당자가 설정한 학습 목표가 교육 과정을 통해 제대로 달성될 것인가의 문제이고, 효율성이란 그것이 얼마나 적은 시간과 노력을 통해서 달성되도록 하느냐의 문제입니다. 하지만 효과성과 효율성만 따지다 보면 학습자의 동기라는 요소가 배제될 가능성이 큽니다. 인간 행동이나 성취 뒤에는 언제나 동기가 있습니다. 인간의 학습은 상당 부분 그러한 동기에 의해 영향을 받습니다. 따라서 학습이 유발되고 일어나기 위해서는 학습 동기가 필요하다는 것입니다. 이것을 교육 과정 개발에서의 매력성이라고 합니다. 즉

HRD 담당자가 설계하고 개발하는 교육 과정은 효과성과 효율성도 필요하지만 매력성 또한 갖추어야 할 요소인 것입니다. ARCS는 학습 동기를 유발하고 지속시키기 위하여 학습 환경의 동기적 측면을 설계하는 접근법입니다.

ARCS는 교육 공학의 체제적 교수 설계의 맥락에서 플로리다 주립대 켈러Keller 교수에 의해 만들어진 동기 설계 모델입니다. ARCS는 Attention주의 집중, Relevance관련성, Confidence자신감, Satisfaction만족감의 영어 첫 글자로 이루어진 약어입니다. 학교, 기업, 관공서 등 여러 가지 학습의 장면에서 인간 동기의 특성은 크게 4가지 범주, 즉 주의 집중, 관련성, 자신감, 만족감으로 통합되어질 수 있다는 것이 켈러의 연구 결과입니다. 이제 ARCS의 4가지 요소에 대해 구체적으로 살펴보겠습니다.

## 1) Attention

우선 학습자의 주의 집중을 유발해야 합니다. 학습자의 흥미를 사로잡고, 학습에 대한 호기심을 유발해야 한다는 것입니다. 주의 집중은 '어떻게 하면 이번 학습 경험을 자극적이고 재미있게 할 수 있을까?'라는 질문에 대답하는 것입니다. 이러한 동기 전략은 예상치 못한 이벤트를 제공하거나 정서적인 자극을 일으키는 것 등을 포함합니다.

학습자들이 경영 전략 수립을 위한 기본 Framework인 3C 분석을 설명하는 시간에 참여하고 있다고 가정하겠습니다. 일반적으로 강사는 이번 시간은 3C 분석을 하는 시간이라고 소개하며, 3C 분석이 무엇인지 개념적 설명을 할 것입니다. 하지만 ARCS에 대한 개념을 이해하고 있는 강사는 고객Customer, 경쟁자Competitor, 자사Company라는 3C 분석의 개념을 바로 설명하지 않습니다. 강의가 시작되면 강사는 갑자기 삼각관계가 되어 본 적이 있느냐고 학습자들에게 질문합니다. 예를 들어 한 여자를 두고 두 명의 남성이 서로 애정 공세를 펼치는 삼각관계를 설정했다고 합시다. 그러면서 강사는 다음과 같이 설명을 이어갑니다. 두 명의 남성 중 한 명이 나라면 상대 여성이 무엇을 좋아하고, 무엇을 싫어하는지 파악해야 합니다. 그리고 경쟁 관계에 있는 다른 남성은 어떠한 강점과 약점을 가지고 있는지도 파악하면 더 좋을 것입니다. 이를 바탕으로 경쟁 관계에 있는 다른 남성을 따돌리고 상대 여성을 나의 연인으로 만들 수 있는 아이디어가 떠오를 수 있을 것입니다. 이런 설명을 듣고 있자면 학습자들은 강사가 교육 내용과는 무관한 연애의 삼각관계를 왜 설명하고 있는지 의아해하면서 수업에 참여하게 됩니다. 하지만 연애의 삼각관계라는 이야기는 학습자들 입장에서는 흥미진진한 주제입니다. 이때 강사는 연애의 삼각관계가 바로 3C 분석을 통해 경영 전략 과제를 도출하는 것과 유사한 것이라고 설명합니다. 즉 연애의 삼각관계가 3C 분석의 각각 구성 요소에 대입될 수 있다는 것입니다. 상대방 여성이 고객Customer이고, 경쟁 관계에 있는 남성이 경쟁자Competitor이며, 상대 여성의 마음을 얻기 위해 노력하는 나의 존재는 바로 회사Company라고 설명하는 것입니다. 강의 시작 시 학습자의 흥미를 사로잡고, 학습에 대한 호기심을 유발하는 것입니다. 이제 학습자들은 연애의 삼각관계로 도입을 시작한 이번 경영 전략 수립 시간에 주의를 집중하게 되었습니다.

### 2) Relevance

두 번째 요건은 관련성을 확립하는 것입니다. 이는 학습자의 필요와 목적에 맞추어 주려는 노력입니다. '이번 학습의 경험은 어떤 측면에서 학습자들에게 가치가 있을까?'라는 질문에 답하는 것입니다. 주의 집중을 통해 호기심이 유발되었다고 하더라도, 학습 내용이 아무런 가치가 없다고 느껴지면 동기는 소멸됩니다. 즉 지금 학습하는 내용이 자신의 직무 수행에 어떤 측면에서 도움이 되는 것인지에 대한 소개가 필요합니다. 학습 내용의 유용성에 대한 사례를 제공할 수 있습니다. 모의 상황의 제시, 비유, 사례 연구 등을 사용하는 것도 유용합니다.

연애의 삼각관계를 통해 3C 분석을 통한 경영 전략 수립에 주의 집중이 되었다면, 이제 3C 분석이 교육에 참여한 학습자들의 직무에 어떻게 연관되어 있는지를 설명해야 합니다. 학습자들이 그 어떤 부서나 팀에서 근무하고 있더라도 3C 분석은 기본일 것입니다. 인사 팀에 근무한다면 고객인 조직 구성원의 니즈를 파악해야 할 것입니다. 그리고 경쟁사의 인사 제도가 어떠한가도 분명히 파악해야 할 것입니다. 이를 통해 자사 인사 제도의 방향성을 검토할 수 있을 것입니다. 영업 팀도 마찬가지입니다. 자신들의 고객들이 자사의 어떤 제품을 선호하고, 가격 정책에 대해 어떤 생각을 가지고 있는지 알아야 합니다. 또한 경쟁 회사는 어떤 제품을 주로 판매하고, 가격 정책이 어떠한지 알아야 합니다. 이를 통해 자사의 영업 전략을 수립할 수 있을 것입니다. 이런 방식으로 3C 분석이 학습자 모두의 직무 수행에 관련이 되어 있음을 알려주는 것입니다.

### 3) Confidence

세 번째 요건은 자신감입니다. 학습자가 자신의 통제

하에서 성공할 수 있다고 느끼도록 도와주는 것입니다. 즉 '학습을 통해 학습자들이 자신의 성공을 이끌어 낼 수 있도록 어떻게 도와줄 수 있을까?'라는 질문에 대한 고민입니다. 기대되는 학습 목표를 분명히 제시하고, 가능한 성취의 사례를 제공함으로써 학습자들로 하여금 자신감을 갖도록 하는 것입니다. 따라서 학습자에게 성공의 요건과 평가의 준거에 대해 충분히 설명하여야 합니다. 또한 자신의 노력이나 능력의 결과로 성취 경험이 있을 때 전체적인 자신감이 향상될 수 있습니다. 만약 행운, 도전적이지 않은 과제, 타인의 결정 등의 요인으로 성공했다고 여긴다면 학습자의 자신감은 향상되기 어렵습니다. 따라서 다양한 도전적 과제와 경험을 제공하고, 이것이 학습자의 노력 때문에 성공했다는 것에 대한 피드백이 제공되어야 합니다.

연애의 삼각관계를 통해 주의 집중이 되었고, 자신의 직무상 연관성도 깨달았다면, 학습자들은 이제 3C 분석을 직접 해 보아야 합니다. 강사가 제시하는 사례나 실제 자신이 소속한 회사에 대해 3C 분석을 스스로 해 보는 것입니다. 학습자가 자신의 통제하에서 3C 분석을 수행할 수 있다는 성공 체험을 도와주는 것입니다. 이것이 자신감입니다.

### 4) Satisfaction

만약 학습자들이 주의 집중하고, 내용에 관심이 있으며, 적절한 도전 의지를 지녔다면 그들은 동기 유발되었다고 말할 수 있습니다. 하지만 이러한 동기를 좀 더 완전한 것으로 만들기 위해서는 만족감에 대한 고려가 필요합니다. 만족감이란 자신의 학습 경험과 성취에 대한 긍정적 느낌을 말합니다. 그리고 학습자 자신의 성공에 대한 인정이 공정했다고 믿는 것을 의미합니다. 보상을 통해 성취를 강화해 주는 것입니다. '자신들의 경험이 좋았다고 느끼고 앞으로 계속 학습하고 싶다는 생각이 들도록 하기 위해 무엇을 도와주어야 할까?'에 대한 대답입니다. 학습자가 노력과 성취에 대해 긍정적 느낌을 가질 수 있는 피드백이나 정보를 제공해야 합니다. 언어적 칭찬이나 보상, 인센티브를 제시합니다. 좋은 학습 성적, 명예, 승진, 자격 취득 등도 포함될 수 있습니다.

학습자들의 3C 분석이 종료되면 강사는 적절한 피드백을 해야 합니다. 그리고 그것은 모두가 공정한 상황 속에서 학습자 스스로의 통제하에 성공적 경험을 수행하였음을 언급하여야 합니다. 또한 3C 분석을 우수하게 수행한 학습 팀에게는 상품이나 칭찬을 통해 그들의 학습 경험에 긍정적 느낌을 더해 주도록 합니다. 이것이 만족감입니다.

궁극적으로 동기라는 것은 통합적입니다. 학습자들은 학습 환경을 주의 집중, 관련성, 자신감, 만족감의 범주로 구분하지는 않습니다. 그들은 어떤 상황에서는 학습에 매료되어 있고, 어떤 상황에서는 그렇지 않다고 알고 있습니다. 또한 학습자들은 학습 환경의 어떤 측면에 대해서는 즐거워하고, 동시에 다른 측면에 대해서는 불평하기도 합니다. 그러나 강사, HRD 담당자는 동기를 이해하기 위해 분석적으로 접근할 필요가 있습니다. 동기를 구성 요건들로 분석하는 하나의 모델을 가지고 있다면, 문제가 있는 동기 영역을 밝혀내는 것은 물론이고 학습자가 이미 지니고 있는 동기를 유지하는 데도 효과적일 것입니다. ARCS는 바로 HRD 담당자의 분석적 접근에 도움을 주기 위한 것입니다. HRD 담당자가 설계하고 개발하는 교육 과정이 4가지 ARCS의 요소가 충분히 고려된 것인가, 과정 운영 결과 어느 범주가 부족한 것인가에 대한 분석은 향후 좀 더 매력적인 교육 과정 설계와 개발에 분명 도움을 줄 것입니다.

# 상황에 맞는
# 교육 방법 선택하기

메이저 리그의 투수들은 오랫동안 야구선수로서의 생명력을 유지하기 위해 다양한 구질을 개발해야 합니다. 빠른 직구만 보유해도 버틸 수는 있겠지만, 곧 타자들이 익숙해지기 때문에 이에 맞서기 위해서 그들은 커브, 슬라이더, 포크볼 등을 적절히 배합해서 타자들을 요리합니다. 투수는 타자를 제압하기 위해서 정확한 시기에 정교하게 투구해야 한다는 사실을 알고 있습니다. 교수와 학습의 성공 여부도 정확한 시기에 가장 적절한 방법을 사용할 수 있느냐에 달려있다고 해도 과언이 아닙니다. HRD 담당자인 여러분이 설계하여 개발하는 교육 과정에서 적절한 방법을 사용해야 합니다. 따라서 HRD 분야에서 많이 활용되는 교수 방법인 강의, 토론, 게임, 사례 연구, 역할 연기에 대해 살펴보겠습니다.

## 1) 강의

강사가 일방적으로 특정 주제에 대한 일련의 사실들과 정보를 전달하는 것입니다. 모든 교수법의 가장 기본으로 짧은 시간에 정보 전달이 가능하므로 지식 전달 교육에는 용이합니다. 하지만 학습자를 수동적으로 만들고, 스킬 교육은 어렵습니다. 또한 강사의 탁월한 화술이 필요합니다. 강의는 학습자들이 학습에 대한 충분한 동기 부여가 되어 있을 때 적용하는 것이 가장 적합합니다.

## 2) 토론

특정 주제에 대해 학습자들이 토의와 토론을 통해 해답을 찾아가는 교수 방식입니다. 예를 들어 강사가 '신임 팀장에게 필요한 7가지 행동'이라는 주제로 강의하는 대신 학습자들에 '신임 팀장에게 필요한 행동은 무엇일까?'라고 질문하고, 학습자 스스로가 토의하여 작성해 보게 하는 것입니다. 이를 통해 학습자들은 능동적으로 학습에 참여하게 되고, 토론을 통해 다른 사람들의 생각을 알 기회를 얻게 됩니다. 하지만 토론이 잘못 유도되거나 정밀하게 설계되지 않으면 학습자들이 무질서해지고, 1~2명이 토론을 이끌어 가는 경우도 종종 발생합니다. 토론 기법은 학습자 스스로가 이슈에 대해 찾아보고 논의하여 인사이트를 얻을 수 있도록 하고자 할 때 추천할 수 있는 방식입니다.

### 3) 게임

학습 주제와 관련된 간단한 게임을 실시하고, 게임이 추구했던 학습에의 시사점을 제공하게 하는 것입니다. 스티븐 코비는 '성공하는 사람들의 7가지 습관'으로 유명한 강연자입니다. 지금은 고인이 된 그는 생전 강연에서 '인생에서 지금 당장 급하진 않지만 중요하고 소중한 것을 먼저 하라.'라는 메시지를 전달하기 위해 바구니와 돌을 준비했습니다. 그리고 학습자에게 7개의 큰 돌을 좁쌀 크기의 미세한 돌이 2/3 정도 채워진 바구니에 다 넣어보라고 지시합니다. 많은 학습자는 2/3나 채워진 미세한 돌 때문에 큰 돌을 넣지 못합니다. 큰 돌을 좁쌀 크기의 미세한 돌로 채워진 바구니에 넣기 위해서는 바구니에 채워진 좁쌀 크기의 미세한 돌을 모두 비워내고 큰 돌을 먼저 넣은 후, 빈틈 사이에 좁쌀 크기의 미세한 돌을 채워 넣어야 가능합니다. 이 방법을 고안해 낸 학습자가 우승하는 것입니다. 바구니는 학습자의 인생, 큰 돌은 중요하고 소중한 일에 비유한 게임입니다. 이처럼 게임 기법은 흥미로운 게임으로 학습자들에게 학습 주제에 대한 인사이트를 줄 수 있는 방법입니다. 하지만 잘못하면 학습 팀 간 경쟁이 과열될 수도 있으므로 신중히 설계해야 합니다.

## 4) 사례 연구

학습 주제와 관련된 영역에서 발생했거나 발생 가능한 사건을 자료의 형태로 제시하고, 학습자들이 시사점을 찾도록 하는 방식입니다. 예를 들어 A사와 B사의 인수 합병에 대한 사례를 제시하고, 이들 두 회사 간의 인수 합병이 잘된 것인지 아니면 잘못된 것인지를 논의하게 하는 것입니다. 학습자들이 능동적으로 참여하여 실무적 문제 해결 능력을 배양할 수 있습니다. 하지만 해당 이슈에 대한 기초적인 지식이 필요하며, 사례에 한정된 해결책이 제시될 가능성이 있습니다. 우수 성과에 대한 벤치마킹이 필요할 때 활용한다면 도움 될 것입니다.

## 5) 역할 연기

의도적으로 만들어진 상황에서 학습자 스스로가 연극의 배우처럼 역할을 수행하는 학습 방법입니다. 예를 들어 신입 사원 교육 과정 개발 시 '상사에게 보고할 때 바람직한 신입 사원의 모습을 5분의 단막극으로 준비하라.'라고 지시하는 형태입니다. 역할 연기는 학습자의 몰입도가 높고 인상적이라 기억에 오래 남습니다. 하지만 일부 학습자들이 역할 연기를 하는 것에 거부감을 가지는 경우가 있습니다. 또한 지나치게 희화화되어 애초 의도했던 학습 목표 달성과 거리가 생길 수도 있습니다. 학습의 전이를 높이고 싶을 때 활용 가능합니다.

타자의 균형을 빼앗을 때, 즉 커브볼을 기다리고 있는 타자에게 속구를 던진다면 타자를 아웃시킬 수 있는 가능성이 커집니다. 이와 마찬가지로 다양한 교수 방법을 잘 선택하고 혼합하여 사용한다면 학습자들의 흥미를 지속시킴으로써 학습 주제를 다각도로 검토할 수 있고, 의도했던 효과를 얻을 수 있습니다. 학습 내용의 주제, 목표, 집단의 규모, 가용 시설과 시간, 선행 학습 정도, 필요한 참여 유형에 따라 적절한 교수 방법을 선택한다면 효과적인 과정을 개발할 수 있을 것입니다.

# Action Learning

제가 HRD 담당자들과 함께 오프라인 강의장에서 워크숍을 할 때입니다. 4~5명씩 한 팀을 이루어 토의와 토론을 중심으로 진행되는 워크숍이었습니다. 쉬는 시간에 제가 준비하여 사전에 배포한 교재를 본 한 HRD 담당자가 같은 학습 팀에 앉아 있는 다른 HRD 담당자에게 이렇게 질문합니다. "여기 교재에 Action Learning이라고 되어 있는데 이게 무슨 의미인가요. 혹시 아세요?" 이 질문을 받은 HRD 담당자는 "Action Learning이잖아요. 교육 과정의 흥미를 높이기 위해서 게임이나 체험 활동 등 다양한 액션 Action을 많이 활용하는 교육을 말하는 것입니다."라고 대답했습니다. 실제로 액션러닝을 접해본 경험이 없는 HRD 담당자들 중에는 앞서 대답을 한 것과 같이 게임이나 체험 활동을 위주로 하는 교육 방식으로 오해하는 경우가 종종 있습니다. 아마 액션러닝이라고 하는 이름 때문인 것 같습니다.

조지워싱턴 대학교 교수인 마이클 마쿼트Michael J. Marqurdt는 액션러닝을 'A process that involves a small group working on real problem, taking action and learning while doing so.'라고 정의하였습니다. 영문을 그대로 번역하자면 '작은 그룹이 실제 문제에 해결안을 내고, 그 안을 실행하면서 학습하는 과정' 정도가 되겠습니다. 만약 여러분들이 문제 해결 과정을 실시한다고 가정합시다. 아마도 강사는 가상의 문제, 가공의 문제 사례를 가지고 와서 학습자들에게 문제 해결의 스킬과 툴을 적용해 보도록 하며 강의를 진행해 나갈 것입니다. 하지만 액션러닝은 교육 참가자들이 학습 팀을 구성, 팀워크를 바탕으로 하여 회사에 실제로 존재하는 문제를 정해진 시점까지 해결하는 동시에, 문제 해결 과정에 대한 성찰을 통하여 학습하도록 지원하는 교육 방식입니다. 팀이 상호 팀워크를 바탕으로 조직 문제를 해결해 나가다 보면 전략적 사고, 문제 해결 능력, 의사소통 스킬 등을 개발할 수 있습니다.

오른쪽 그림은 어느 회사에서 진행했던 액션러닝의 사례를 이미지화 한 것입니다. 강의장에서 모두 4번 만남을 가졌으며, 최종 성과 발표까지 4개월 정도가 소요되었습니다.

강의장에서 Facilitator와 함께 해결해야 할 과제를 정의하고, 원인 분석을 하며, 해결 방향 및 구체적인 해결안을 개발합니다. 강의장에서 이루어진 이러한 활동은 주로 계획입니다. 실제 학습 팀은 업무 현장으로 가서 자료를 수집/분석하고, 해결안을 검증합니다. 벤치마킹을 하기도 합니다. 그리고 최종 보고서를 작성하여 임직원 앞에서 발표하는 것으로 진행되었습니다. 물론 이 프로세스가 액션러닝의 대표적인 진행 모습이라고 말할 수는 없습니다. 여러분들의 이해를 돕기 위해 제가 실제 진행했던 방식을 사례로 살펴본 것입니다. 학습 팀은 현장에서 문제 해결

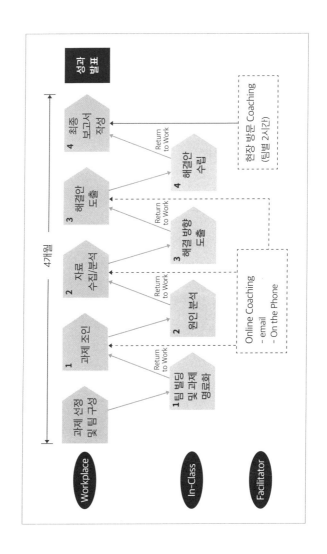

성과
발표

4개월

| Workplace | 과제 선정 및 팀 구성 | 1 과제 조인 | 2 자료 수집/분석 | 3 해결안 도출 | 4 최종 보고서 작성 |

현장 방문 Coaching
(팀별 2시간)

Return to Work

Online Coaching
- email
- On the Phone

| In-Class | 1 팀 빌딩 및 과제 명료화 | 2 원인 분석 | 3 해결 방향 도출 | 4 해결안 수립 |

Facilitator

활동을 수행하면서 메일이나 인터넷 카페 등을 통해 중간 결과물에 대해 Facilitator와 상호 소통을 합니다. 앞선 예는 제가 운영하여 나름 성공적으로 종료된 액션러닝이었습니다. 그런데 액션러닝을 성공적으로 운영하기 위해서는 6가지 요인에 대한 검토가 필요합니다.

## 1) 과제의 선정

과제를 선정할 때는 조직 내에 존재하는 실제 문제를 선정해야 합니다. 문제는 기업의 경영 성과와 직결되는 것으로 팀의 책임 소재하에 있어야 하며, 액션러닝 과정에서 다루어질 수 있는 것이어야 합니다. 제가 어느 회사의 액션러닝을 진행할 때 '우즈베키스탄 진출 방안'이란 주제가 주어졌던 적이 있습니다. 하지만 이 회사는 우즈베키스탄에 진출할 계획이 없었습니다. 그리고 화학 업종인 회사의 제품과 관련된 그 어떤 정보도 강의장에서 인터넷만으로 찾기는 정말 어려운 상황이었습니다. 이런 경우 제대로 된 문제 해결 활동을 수행할 수 없게 됩니다. 따라서 과제 선정은 반드시 조직과 관련 있으며 실제적으로 존재하는 문제여야 합니다.

## 2) 학습 팀 구성

학습 팀을 구성할 때는 다양한 경험과 배경을 가진 사람으로 구성하는 것이 좋습니다. 간혹 해결해야 할 과제와 직접적으로 관련된 사람들로만 구성하는 경우가 있는데 이렇게 되면 액션러닝이 아니라 그들의 프로젝트가 되어버립니다. 다양한 관점과 새로운 시각으로 과제를 바라보고 해결하는 과정에서 학습이 진행되어야 합니다. 마퀴트는 4~8명으로 학습 팀을 구성하는 것이 좋다고 하나, 실제 제가 진행을 해 보면 4~5명이 가장 적절한 숫자입니다. 6명 이상은 인원이 너무 많아 Free Rider가 발생하고, 학습 분위기가 저해되기 쉽습니다.

## 3) 질문과 성찰의 강조

해결하고자 하는 과제와 관련하여 적절한 질문을 제기

하고, 이를 통해 문제의 명확한 성격 파악과 행동 실행을 요구합니다. 그리고 각 만남에서 지난 만남 또는 현장에서의 액션을 통해 받는 느낌, 개선점, 베스트 프랙티스Best Practice 등에 대해 반추하고 성찰하는 시간을 중요하게 배치합니다.

## 4) 실행

행동 없는 학습은 불가능하다고 합니다. 어떤 아이디어나 계획을 직접 실행해 보기 전까지는 그 효과를 확인할 수 없기 때문입니다. 학습 팀은 자신들이 검토한 해결 방안을 스스로 실행하거나 제3자를 통해 실행할 수 있도록 하는 능력이 있어야 합니다. 이는 학습을 더욱 강화시킵니다. 따라서 강의장에서 계획했거나 도출된 아이디어를 실행할 수 있는 적절한 시간과 예산 등의 자원 배분이 지원되어야 할 것입니다.

## 5) 학습

액선러닝에서는 학습과 행동이 똑같은 비중을 차지합니다. 과업 달성과 개인 및 조직의 학습에 같은 무게를 둡니다.

## 6) Facilitator

마지막 여섯째는 액선러닝을 운영하는 Facilitator입니다. 단순히 강의만 하는 기존 방식과 달리 Facilitator는 적절한 질문을 하고, 과제 해결을 조력해야 합니다. 학습 팀 구성원들이 자신의 학습을 성찰해 볼 수 있는 시간을 가지도록 하는 진행 속도를 조절하는 역할도 해야 합니다. 따라서 전문성과 경험이 있는 Facilitator의 선발이 필요합니다.

액선러닝은 학습의 전이도가 큽니다. 실제 문제에 적용하여 실행하기 때문입니다. 따라서 학습에 대한 침여도가 높고, 교육 효과 또한 높습니다. 많은 기업에서 핵심 인재나 리더 육성 등 조직 내 인재를 육성하고자 할 때 활용하고 있으며, 현안의 해결과 학습 효과를 동시에 보고 싶을 때도 선택되는 교육 방법입니다. 하지만 액션러닝은 과정 운영에 시간이 많이 필요합니다. 보통 짧게는 2개월에서 4개월 정도 소요가 됩니다. 또한 액션러닝의 성공을 높이기 위해서는 앞에서 설명한 6개의 요소에 대한 철저한 준비가 필요합니다.

# 효과적 교육 운영을 위한 체크 포인트

한번은 기업 요청으로 총 14명의 승진자를 대상으로 5시간의 강의를 진행했었습니다. 강의 당일, 학습자가 14명이므로 소규모 강의장이라고 생각하고 강의장 문을 연 저는 무척 놀랐습니다. 오른쪽 사진이 그 강연장이었기 때문입니다. 2명씩 앉는 책상이 뒤로 8줄, 가로로 6줄이니 총 96명을 수용할 수 있는 강의장입니다. 강의장 규모가 너무 당황스러워 노트북을 설치하고, 사진을 찍었던 것으로 기억합니다.

　강의 시간이 되자 학습자들이 하나둘씩 나타나더니 가장 뒷줄의 책상 어딘가에 듬성듬성 앉기 시작합니다. 제가 앞으로 당겨달라고 요청해도 학습자들은 뒷줄에서 움직이지 않았습니다. HRD 담당자 역시 이런 상황에 대해

별다른 반응을 보이지 않아 더욱더 당황스러웠습니다.

사실 이것은 HRD 담당자의 직무 유기입니다. 14명이 학습 대상자입니다. 100여 명 정도 수용 가능한 큰 강의장에 14명을 불러 강의하게 하는 것은 공간의 낭비입니다. 게다가 최근의 학습은 많은 경우 팀별로 모둠을 나누고 상호 토의와 토론, 실습을 많이 하는데, 사진 속 강의장의 경우 책상이 움직이지 않아 팀별로 모여 앉을 수도 없는 상황입니다. 상황이 이렇게 되면 강사도 강의에 열의를 가지기 어렵습니다. 강사도 결국에는 사람이므로 주어진 시간을 대충 보내고 가려 할 가능성이 커집니다. HRD 담당자들에게 있어서는 야전과 같은 강의장에서의 교육을 준비할 때 체크해야 할 것들을 살펴보겠습니다.

먼저 교육 전입니다. 교육 과정을 시작하기 전에 준비해야 할 사항들을 순서대로 정리하면 다음과 같습니다.

① 강사 콘택트 및 교재 요청

② 교육 장소 및 숙소 예약

③ (필요 시) 버스 임차

④ 교육 안내

⑤ 교재 제작

⑥ 설문지 작성

⑦ 학습 평가지 작성

⑧ 교육 경비 신청

⑨ 교육 참가자 확인

⑩ 교육 보조 자료 확인

⑪ 강사 최종 확인

⑫ 강의장 세팅

따로 설명을 하지 않아도 준비 사항들의 목록을 보면 이해가 될 것입니다. 마지막 ⑫번 강의장 세팅의 경우 가급적 교육 시작 1일 전에 마무리되어야 합니다. 한번은 제가 강의하러 갔더니 강의장이 엉망인 곳이 있었습니다. 의자와 책상은 무질서하게 흩어져 있고, 무대에는 전날 음악 공연 행사를 했는지 악보대도 있었습니다. 순간 저는 강의장을 잘못 찾아온 것이 아닌가 착각할 정도였습니다. 게다가 9시에 강의가 시작이었는데 담당자는 8시 50분에 나타나 학습자들과 함께 강의장을 정리하기 시작합니다. 그날은 정말 강의하기 싫었습니다.

이제 교육 시작 당일입니다. HRD 담당자들은 무엇을 준비하고 실시해야 할까요. 반드시 준비해야 할 사항들은 다음과 같습니다.

① 교육 장소로 이동

② 강사 응대

③ 교육 안내(필요 시 Ice-Breaking)

④ 강사 소개

⑤ 교육 모니터링

⑥ (다음 Module) 강사 연락

⑦ (필요 시) 야간 인원 점검

⑧ 설문 및 학습 평가지 실시

⑨ 학습자와 인사

⑩ 차량 탑승 및 이동

구체적으로 살펴보면 ① 가장 먼저 교육 장소로 학습
자들보다 먼저 이동하여 도착해 있어야 합니다. 그리고
학습 환경의 분위기가 조성될 수 있도록 합니다. ② 이후
강사가 오면 반갑게 인사합니다. 가끔 강사 응대를 하지

않는 경우가 있습니다. 교육 시작 5분 전에 나타나 강사가 왔는지 확인만 하고, 강사에게 출석 체크를 해달라고 하고는 담당자는 다시 사라져버립니다. 점심 식사 때도 나타나지 않습니다. HRD 담당자라면 강사 응대는 필수입니다. 강사가 오면 반갑게 인사하고, 별도의 공간이 마련되어 있다면 간단히 차 한잔하며 과정 운영의 목적을 설명하는 것이 좋습니다. ③ 교육 시간이 되면 학습자들에게 공식적으로 인사를 하고, 교육 과정의 개발 목적과 학습 목표, 기대 사항 등에 대해 구체적으로 학습자들에게 인지시켜주어야 합니다. ④ 그리고 강사를 소개한 후 뒷자리로 이동하면 됩니다. 하지만 교육 안내를 하는 HRD 담당자는 매우 소수입니다. 실제 학습자들과 함께하는 강의장에서 교육 과정 운영의 목적과 취지, 학습 목표, 기대 사항 등에 대해 설명하는 HRD 담당자보다는 강사에게 "시간 되면 강의 시작해주세요."라는 담당자가 절대적으로 많습니다. ⑤ 교육 모니터링은 HRD 담당자가 의도하고 기획한 대로 교육 과정이 운영되는지 강의장 내에서 직접 확인하고 지켜보는 것입니다. HRD 담당자가 교육 과정을 개발할 때 기대한 학습 목표는 제대로 달성되고 있는지, 학습자들은 주제와 내용을 어려워하고 있지 않은지 등등 직접 두 눈으로 지켜보며 순간순간 강사와 논의하여 시정 조치를 하거나, 다음 교육 과정 개발과 기획 시 참고해야 합니다. 하지만 교육 모니터링을 하는 HRD 담당자도 많지 않은 실정입니다. 대부분의 HRD 담당자는 오전에 강사와 인사할 때 잠깐 보이고, 저녁에 끝날 때 나타나 감사의 인사를 합니다. 과연 현장을 전혀 목격하지 않은 HRD 담당자가 그 과정에 대해 어떻게 평가할 수 있을까요. 이후에는 ⑥ (다음 Module) 강사 연락, ⑦ (필요 시) 야간 인원 점검, ⑧ 설문 및 학습 평가지 실시, ⑨ 학습자와 인사, ⑩ 차량 탑승 및 이동 순으로 진행하면 됩니다.

야전 경험 없이 책상머리에서만 작전 계획을 도모하는 군인은 비현실적인 작전 계획을 제시할 가능성이 큽니다. HRD 담당자도 마찬가지입니다. HRD 담당자의 고민과 기획의 결실이 맺히는 강의장에서 어떤 일이 일어나며, 어떤 역동이 발생하여 어떤 메커니즘으로 학습이 되는지에 대한 경험 없이 책상머리에서만 교육 과정을 개발하는 것은 비효과적인 과정일 가능성이 큽니다. 하나하나 준비 사항을 잘 챙기고, 강의장에서 일어나는 다양한 양태를 면밀히 관찰하는 것이 좋습니다.

# 효과적 교육 운영의 사례

HRD 담당자들이 미숙하게 교육 과정을 운영하는 사례가 있습니다. 학습 대상자가 14명인데 강의장은 96명 수용 가능한 큰 강의장에서 운영하거나, 강사가 오건 말건 안내도 하지 않거나, 학습자에 대한 교육 안내 또는 교육 과정에 대한 모니터링 없이 교육 시작 전후에 잠깐 나타나는 경우 등 입니다. HRD 담당자의 교육 운영에 대한 이런 모습을 보면 강사들도 생각을 하게 됩니다. '아! 담당자가 크게 신경 쓰지 않는구나. 대충 강의하고 가야지.'라고 말입니다.

그럼 어떻게 하면 HRD 담당자로서 교육 과정을 잘 운영할 수 있을까요? 제가 경험한 사례 중에서 HRD 담당자가 적극적으로 관리하여 잘 운영한 교육 과정을 하나 소개하겠습니다. 제가 직접 경험한 것으로 회사는 에너지, 건설, 유통 등 다양한 분야의 사업을 영위하고 있는 D그룹입니다.

먼저 교육 전의 상황을 순차적으로 살펴보겠습니다. 제가 강의하러 갔을 때 ① 강의장 환경은 교육 과정의 콘셉트에 맞게 장식되어 있었습니다. 강의장 앞에는 배너가 있고, 강의장 내에도 커다란 사진들을 플래카드 형태로 걸어 놓았습니다. ② 강의장 스크린에는 뮤직비디오가 계속해서 나오고 있었습니다. 삭막한 강의장을 음악이 있는 분위기로 부드럽게 해 놓은 것입니다. ③ 4명의 담당자가 있었는데 모두 정장을 착용하고 있었습니다. 처음에는 모두 동일한 정장이라고 생각했습니다. 왜냐하면 얼핏 보기에 양복 재킷, 바지, 넥타이, 셔츠 색깔이 모두 같았으니까요. 하지만 색깔만 맞춘 것이었습니다. 양복 재킷은 진한 청색, 바지는 회색, 넥타이는 붉은색으로 통일을 했던 것입니다. 뭔가 일체감과 통일감이 느껴졌습니다. ④ 그들

4명은 강의장 입구 앞에 서 있으면서 학습자들이 도착하면 반갑게 인사를 했습니다. 악수도 하고, 지난 교육 과정 운영 때 만났던 에피소드로 간단히 이야기도 나누는 모습을 볼 수 있었습니다. ⑤ 제가 도착했을 때는 강의장이 아닌 별도의 공간으로 안내했습니다. 그리고 교육 과정에 대해 안내를 했습니다. 교육 과정을 실시하는 배경, 목적, 학습자는 전반적으로 어떤 스타일인지에 관해 설명을 했습니다. ⑥ 교육 시간이 되자 4명 중 한 명이 앞으로 나와 자신을 소개하고, 교육 과정의 목적과 배경을 소개했습니다. 그리고 학습 팀에 대한 팀 빌딩을 실시했습니다. 간단한 게임을 통해 분위기를 전환해 줍니다. ⑦ 팀 빌딩으로 분위기가 무르익었다고 판단되면 그때 강사를 소개합니다. 그러면서 큰 박수를 유도합니다. 학습자들은 충분히 실시된 팀 빌딩과 무르익은 분위기 속에서 우레와 같이 박수를 보냈습니다.

어떤가요? 벌써 시작부터 무언가 다르죠? 이제 교육이

진행되는 동안에는 어떤 모습인지 소개해 드리겠습니다. ① 담당자가 강의장 뒤쪽에 앉아서 교육 과정을 모니터링합니다. 물론 4명 모두가 앉아 있는 것은 아닙니다. 4명 중 2명은 항상 앉아 있었습니다. ② 강사가 "10분간 쉬도록 하겠습니다."라고 하면 화면이 강사가 강의하던 슬라이드에서 갑자기 뮤직비디오 영상으로 전환됩니다. 강의장 뒤쪽에서 모니터링하고 있던 담당자가 강사의 컴퓨터에서 자신의 컴퓨터로 빔프로젝터를 전환하여, 준비하고 있던 뮤직비디오를 화면으로 내보내는 것입니다. ③ 쉬는 시간 10분이 종료되면 뮤직비디오는 중단되고 "땡!" 하고 종이 울립니다. 역시 뒤에 앉아 교육 과정을 모니터링하는 담당자가 10분의 휴식 시간이 종료되었으므로 화면의 뮤직비디오를 종료하고, 자신의 책상 앞에 있는 쇠 종을 치는 것입니다. 학습자들은 휴식 시간이 종료되었음을 확실하게 인지하고, 자신의 자리로 착석하게 됩니다. 뮤직비디오가 종료되면 화면은 다시 강사의 강의 슬라이드로 전환됩니다. ④ 점심시간에는 뮤직비디오를 내보내지 않고 마술이나 개그같이 재미있는 동영상을 틀어줍니다. 점심 후 남은 시간 동안 화면을 보면서 무료하지 않게 보내게 하려는 배려로 보였습니다. 저 많은 뮤직비디오와 재미있는 동영상을 언제 다 찾아 준비했을까 싶은 생각이 들었습니다. ⑤ 점심 후 다음 교육 시간이 되면 담당자가 다시 등장합니다. 식사 후 졸릴 수 있는 시간이므로 담당자가 잠시 간단한 게임을 통해 분위기를 조성합니다. 그리고 강사를 힘찬 박수로 다시 맞이해 달라며 박수를 유도합니다. ⑥ 강의 중 기기나 마이크 등에 문제가 발생하면 즉각 처리해줍니다. 교육이 진행되는 중 마이크가 꺼지거나 스크린 화면에 영상이 나오지 않는 등 문제가 있는 경우에 강사는 당황하기 마련입니다. 이때 뒤에 앉아 모니터링하던 담당자가 즉각적인 조치를 취합니다.

이제 교육이 마무리되는 장면입니다. ① 시험을 항상 봅니다. 학습한 내용에 대한 지필 시험입니다. 그런데 이들은 교육 종료 후에도 시험을 치르지만, 교육을 시작하기 전에도 시험을 봅니다. 사전 테스트입니다. 그리고 재빨리 채점하여 강사에게 정보를 제공합니다. 특정 문제는 많이 맞췄고, 특정 문제는 많이 틀렸으니 많이 틀린 문제에 좀 더 강의를 집중해 달라고 요구합니다. ② 시험 후에는 만족도 설문을 실시합니다. ③ 만족도 설문이 끝나면 교육 과정의 목적이 무엇이었는지 다시 한번 설명합니다. 그러면서 현업에서의 활용을 당부합니다. 현업에서의 활용 사례를 필수로 작성하여 제출하도록 합니다. ④ 회사 공식 구호를 외친 후, 학습자들이 일어나 강의장을 빠져나가면 경쾌한 음악이 강의장에 울려 퍼집니다. 담당자들은 강의장 문 앞에서 학습자들과 한 사람씩 악수를 하면서 "고생하셨다."라며 인사를 나눕니다.

이상에서 제가 강의를 하면서 실제 경험했던 D그룹의 교육 담당자가 교육 과정을 운영하는 모습을 교육 전, 중, 후로 나누어 살펴보았습니다. 여러분은 어떻게 느끼셨나요? 이 회사에서 교육을 받는 학습자들은 어떤 느낌일까요? 교육받는 동안 즐겁지 않을까요? 그리고 강의를 하러 가는 강사는 어떤 기분일까요? 저는 D그룹의 강의를 하게 되면 강의 준비에 더 많은 시간과 노력을 투자합니다. 왜냐하면 담당자들이 세심하고 정성스럽게 교육 과정을 운영, 관리하는 모습을 보면, 저 역시 허투루 강의를 해서는 안 되겠다는 생각이 들기 때문입니다. HRD 담당자가 기획한 교육 과정이 실제로 꽃피워지는 현장은 바로 강의장입니다. 강의장에서 HRD 담당자는 자신의 기획 의도가 제대로 발현되고 실현되는지 두 눈으로 확인하고, 업무 현장에서 어렵게 벗어나 교육에 참여하고 있는 학습자를 배려해야 합니다. 또한 강사가 원활하게 강의를 할 수 있도록 적절한 정보도 제공해야 할 필요가 있습니다. 그래야만 학습 목표를 좀 더 효과적으로 달성할 수 있을 것입니다.

# 학습 촉진을 위한
# SPOT 활용하기

교육 과정에 참여한 학습자들은 대부분 그들의 자발적 선택과 무관한 경우가 많습니다. 팀장이 가라고 해서, 또는 교육 학점 이수제라고 하는 회사 제도의 틀 안에서 교육 과정에 참여하는 경우가 많습니다. 게다가 학습 또는 교육은 어떻게 보면 지루한 활동일 수도 있습니다. 특히 점심 식사 후 오후 시간에 많은 학습자들은 밀려오는 졸음과 싸우며 교육에 참여하고 있습니다. 이런 상황에서 HRD 담당자들이 교육 SPOT에 대한 이해를 바탕으로 적절히 개입한다면 강의장 분위기는 좀 더 밝아질 수 있습니다.

SPOT이란 교육 시작 전이나 중간 또는 기타의 여유 시간에 학습자들의 기분 전환, 동기 부여, 긴장 완화, 창의적 사고 촉진 등을 목적으로 하는 일련의 활동입니다. 이를 통해 궁극적으로는 학습 목표를 좀 더 원활히 달성하고자 하는 것입니다. SPOT은 해당 교육 과정의 목적 의식과 교육적 의미를 담고 있으면 가장 좋습니다. 자발적이며 타인에게 불쾌감을 주지 않는 범위 내에서 강제성 없이 즐거움이 있는 활동으로 구성되는 것이 좋습니다. 당장 활용할 수 있는 간단한 몇 가지 SPOT을 교육 시작 시, 교육 중간 그리고 교육 종료 시의 순서에 따라 소개하겠습니다.

먼저 교육이 막 시작되는 시점입니다. 교육 시작 전이므로 아이스 브레이킹이 필요한 시점입니다. 따라서 학습자 간 상호 자기소개를 통해 학습 팀 분위기를 부드럽게 할 수 있는 SPOT을 소개하겠습니다.

## 1) 진진가眞眞假

진진가는 진짜, 진짜, 가짜라는 말입니다. 서로 익숙하지 않은 학습자들이 상호 자신을 소개할 때 활용할 수 있습니다. 단순히 자기 자신의 소속 부서와 이름, 직무를 소개하면 무미건조합니다. 따라서 학습자는 자기 자신에 대한 소개 내용을 4가지 준비합니다. 그런데 4가지 중 하나는 거짓으로 작성하여 같은 학습 팀의 다른 학습자들이 맞추면서 소개하는 것입니다. 예를 들어 어떤 학습자가 다음과 같이 자기 자신을 소개하는 내용을 미리 정리했다고 합시다. 저는 ① 고향이 서울입니다. ② 결혼해서 아이가 2명 있습니다. ③ 운동을 좋아해서 헬스클럽에 다니고 있습니다. ④ 영화를 좋아해서 매주 극장에서 영화를 봅니다. 그는 이 4가지 내용으로 학습 팀에게 자기소개를 합니다. 그러면 학습 팀은 ①부터 ④까지 중 무엇이 거짓인지 추정합니다. 그리고 모두 추정이 끝나면 해당 학습자가 정답을 발표하며 그것이 왜 거짓인지 설명합니다. 모든 학습자가 동일한 활동을 마칠 때까지 진행합니다.

## 2) 인터뷰 게임

인터뷰 게임 역시 학습자 간 자기소개를 하는 방법입

니다. 특이한 점은 스스로가 자신을 소개하는 것이 아니란 것입니다. 나를 소개해 주는 사람은 옆의 동료입니다. 즉 학습자 두 사람이 짝을 맺게 하고, 서로가 서로에 대해 마치 인터뷰하듯이 질문을 하여 파악합니다. 그리고 학습 팀원 소개 시간이 되면, 자신이 인터뷰한 사람의 이름, 소속, 하는 일, 관심사, 취미 등에 대해 자신이 알고 있는 내용을 대신 소개하는 방식입니다.

교육 중에 실시할 수 있는 SPOT입니다. 점심 식사 후 또는 나른한 오후 시간, 2일 차 교육의 경우 1일 차 교육이 종료되고 2일 차 교육이 시작되는 오전 등 강의가 시작되기 전에 활용할 수 있는 SPOT입니다.

### 1) 퀴즈 게임

재미있거나 즐거운 퀴즈 문제를 학습자들에게 제시하고 맞추면 간단한 상품을 제공합니다. 난센스 퀴즈, 광고 퀴즈, 초성 퀴즈 등이 많이 활용됩니다. 인터넷에 공개되어 있는 재미있는 난센스 퀴즈를 찾아 슬라이드에 미리 준비하여 학습자들에게 제공할 수 있습니다. 광고 퀴즈는 재미있거나 기발한 광고 CF를 찾아 편집을 하면 됩니다. 이를 슬라이드에 띄운 후 "어떤 제품이나 상품을 광고하는 CF일까요?"라고 질문하고, 맞추는 학습자에게 선물을 줄 수 있습니다. 초성 퀴즈는 자음만 제시하고 전체 제목을 맞추도록 하는 것입니다.

## 2) 가위바위보 게임

운영 방식은 HRD 담당자와 학습자 전체가 대결하는 것입니다. HRD 담당자와 학습자 모두가 손을 들고 가위바위보를 합니다. 이때 HRD 담당자를 이기거나 비긴 사람은 계속 손을 들고 게임에 참여할 수 있으며, 진 사람은 손을 내리고 게임에 참여할 수 없습니다. 즉 HRD 담당자가 가위를 냈다면, 가위 또는 바위를 낸 사람은 계속 손을 들고 게임에 참여할 수 있으며, 보를 낸 사람은 손을 내리고 게임에 참여할 수 없는 것입니다. 이것을 몇 번 반복하면 끝까지 남은 사람이 있을 것입니다. 끝까지 남는 학습자에게 간단한 상품을 선물로 제시합니다.

### 3) 다트 던지기

다트 던지기는 소품이 필요한데 대형마트에 가면 저렴한 비용으로 구매할 수가 있습니다. 마트에서 저렴한 비용으로 커다란 다트를 구매하여 강의장 한쪽에 비치합니다. 그리고 점심 식사 후 오후 시간 등 적절한 시간에 HRD 담당자가 학습 팀 대항 다트 던지기를 제안합니다. 학습 팀별로 대표 선수 한 명이 나와 다트를 던지고 가장 많은 점수를 획득한 팀에게 간단한 상품을 선물로 제공하는 형태로 운영합니다.

### 4) 마술

HRD 담당자가 매우 쉽고 간단한 마술을 배워 학습자들 앞에서 연기를 해 보는 것입니다. 마술을 배우는 것이 어렵다고 생각할 수 있지만 전혀 그렇지 않습니다. 유튜

브만 검색해도 간단하고 쉽게 마술을 배울 수 있는 동영상들이 매우 많습니다. 또한 대형마트에는 마술 도구도 판매합니다. 특별히 배우지 않고도 연출할 수 있는 것들입니다. 마술 도구에는 어떤 방식으로 이 도구를 활용하면 되는지 상세 설명서도 있습니다.

이제 교육 종료 후에 실시할 수 있는 SPOT입니다. 교육이 거의 종료가 된 시점이므로 학습 내용에 대해 얼마나 이해하고 있는가를 즐겁고 재미있는 게임의 형태로 진행하는 것이 일반적입니다.

### 1) 도전! 골든벨

지상파 방송에서 하는 방식과 동일합니다. 교육 과정 중 제시된 개념이나 용어 등을 문제로 제시합니다. 학습자들은 화면에 나오는 문제를 풀면서 답을 맞추면 됩니다. 지상파 방송에서 하는 것처럼 학습자들이 답을 제시하는 데 활용할 수 있는 작은 화이트보드와 보드마카를 준비한다면 좀 더 극적인 연출이 될 수 있을 것입니다.

## 2) 스피드 퀴즈

스피드 퀴즈 또한 지상파 방송에서 유행했던 아이템입니다. 교육 과정 중 제시되었던 개념이나 용어 등 약 10개를 준비하고, 이를 60초 내에 학습 팀이 맞추는 것입니다. 학습 팀 중 한 사람이 A4에 작성된 10개의 문제를 들고 있습니다. 역시 학습 팀 중 한 사람은 A4에 작성된 문제를 보며 나머지 학습 팀원들에게 설명을 합니다. 만약 A4에 'KSA'라고 적혀 있다면, 설명을 하는 사람은 "학습을 통해 학습자들의 변화를 도모하는 3가지!"라고 설명할 것입니다. 그러면 학습 팀원들은 설명을 듣고 "KSA"라고 소리 내어 맞추는 것입니다. 이렇게 10개의 문제를 주어진 60초 동안 가장 많이 맞추는 게임을 통해 자연스럽게 교육 과정 중 학습한 내용에 대한 복습이 되는 것입니다.

이상에서 교육의 흐름에 따라 활용할 수 있는 SPOT에 대해 살펴보았습니다. SPOT은 대형 서점에 관련 도서도 많이 나와 있으므로 구매해서 보면 도움이 될 것입니다.

HRD 담당자의 잠재 고객은 조직 구성원 전체입니다. 하지만 직접적인 고객은 강의장에 온 학습자입니다. 학습자들은 적막한 강의장에 내팽개쳐지기보다는 관심받기를 원합니다. 직접적인 최고 고객인 교육 참가 학습자들이 즐겁고 행복한 분위기 속에서 교육 과정에 참여할 수 있도록 HRD 담당자로서 최대한 노력할 필요가 있습니다. 그리고 그러한 노력은 교육 과정 운영과 SPOT 활동을 통해 좀 더 발현될 수 있을 것입니다.

# 사내 강사와
# 강의

HRD 담당자로서 업무를 수행해 나가다 보면 강의하는 경험을 갖게 되는 경우가 종종 있습니다. 새로운 직원이 입사하면 신입 사원 과정을 운영하면서 팀 빌딩 활동을 주관하고, HRD 제도에 대한 소개를 합니다. 나아가 핵심 가치 과정이나 기타 특정 분야의 사내 강사로서 역할을 수행하는 경우도 있습니다. 저 또한 회사에서 근무할 당시 HRD 제도 소개, 직장인의 매너와 예절, 전 사원 핵심 가치 과정, 조직 커뮤니케이션 등 다양한 교육 과정에서 사내 강사로 활동하였습니다. 그리고 그러한 경험은 현재 강의 활동을 수행하는 데 자양분이 되었습니다.

회사를 둘러싼 환경은 빠르게 변화하고 있습니다. 격변하는 경영 환경에 대응하면서 조직이 발전하기 위해서는 프로세스의 효율화와 조직 구성원의 업무 능력 향상이 더욱 중요한 요소로 부각될 것입니다. 조직이 필요로 하고 요구하는 능력과 조직 구성원이 현재 보유한 능력과의 차이를 좁히기 위해서는 사내의 경험자, 관리자, 전문가들의 적절한 지도와 교수가 필요할 수밖에 없습니다. 사내 강사가 필요한 이유를 정리해 보면 다음과 같습니다.

- 회사의 현실과 가까운 현장감 있는 교육
- 교육과 현업의 유기적 연계
- 사내 전문 기술과 노하우의 전수를 통한 업무 수행 능력의 향상
- 경비 절감

이상과 같은 목적하에서, 사내 강사는 사내의 전문 기술과 노하우를 전수하고 가르치는 교수자로서, 다양한 책임과 역할이 요구되고 있습니다. 사내에서 강의 시 요구되는 3가지 책임에 대해 살펴보겠습니다.

## 1) 학습자에 대한 책임

강사는 그 누구보다도 먼저 학습자에 대한 책임을 우선해야 합니다. 강의가 시작되면 주어진 시간 동안 강사가 바라는 바가 무엇인지, 강의가 종료된 후 학습자에게 어떤 변화가 나타나기를 바라는지에 대한 사항, 즉 학습 목적과 목표를 명확히 밝혀주어야 합니다. 그리고 최적의 교수법을 활용하여 학습이 촉진될 수 있도록 해야 합니다. 주어진 시간 동안 기계적으로 자신의 생각과 지식을 던지고만 간다면 사내 강사로서의 자격은 부족합니다.

## 2) 조직에 대한 책임

회사의 경영 방침이나 교육 정책, 핵심 가치 등을 바르게 이해하고 강의에 임해야 합니다. 사내 강사는 회사를 대표해서 학습자들의 소중한 시간을 공식적으로 할애받은 사람입니다. 회사를 대표해서 강의장에 공식적으로 올라서게 된 사람이 회사의 경영 방침이나 핵심 가치에 대한 이해가 부족하거나, 회사나 회사의 정책을 비난하면서

욕을 한다면 학습자들은 그러한 사내 강사의 모습에서 무엇을 배우게 될까요.

### 3) 자기 자신에 대한 책임

사내 강사로 선발되어 강의를 하는 이상, 자기 자신에 대해서도 책임을 져야 합니다. 자기가 강의하는 내용과 분야에서 최고의 지식과 기술을 유지할 수 있도록 지속적인 학습이 필요합니다. 실감 나고 현장 중심적인 강의가 될 수 있도록 강의를 하는 내용과 분야에 대한 실무적 경험도 쌓아나가야 합니다. 이와 함께 교수 내용과 방법을 꾸준히 향상시키도록 연구해야 합니다. 같은 재료로 음식을 만들어도 만드는 사람, 즉 요리사가 누구냐에 따라 그 맛은 달라집니다. 강의도 마찬가지입니다. 동일한 분야와 내용이라도 어떻게 논리를 전개하고, 스토리를 구성하느냐에 따라 학습자들이 느끼는 강의의 맛도 달라질 것입니다. 따라서 교수 활동에 대해 흥미와 관심을 가지고 교수법과 교수 내용에 대해 지속적인 업그레이드가 이루어져야 합니다.

하지만 현실은 그리 만만하지 않습니다. 제가 사내 강사들을 대상으로 역량 향상 과정을 운영해 보면 현실과의 괴리가 크다는 것을 항상 느낍니다. 많은 사내 강사들은 선배가 만들어 놓은 강의 슬라이드를 그대로 활용합니다. 강의 슬라이드에는 글씨가 얼마나 많은지 조금만 뒷자리로 가면 읽히지 않을 정도입니다. 그리고 강사들은 강의 내내 학습자의 눈은 바라보지 않고, 강의 슬라이드를 읽고 끝내버립니다. 아무래도 사내 강의 또는 사내 강사라는 업무 자체가 그들의 직무가 아니다 보니, 관심의 우선 순위에서 뒤처질 수밖에 없습니다. 그러다 보니 강의 준비에 노력을 투입하지 않습니다. 연간 강의를 하는 시간도 그리 많지는 않습니다. 당연히 교수 기법도 발전하지 않고, 강의 일변도로만 진행합니다.

사내 강사가 이러한 모습으로 학습자들에게 다가간다면, 교육의 효과성 제고는 매우 어렵다고 볼 수 있습니다.

따라서 앞에서 설명한 3가지 학습자, 조직 그리고 자기 자신에 대한 책임감을 가질 수 있도록 해야 합니다. 그리고 이 책에서 소개한 다양한 교수 기법과 학습에 대한 이론적인 기법들을 이해한 상태에서 자신의 교수 내용과 교수법을 검토하여 발전시켜 나가야 합니다. 성공하는 강사의 첫 출발은 연습밖에 없습니다. 자신의 강의 장면을 촬영하여 보거나, 가상의 학습자 앞에서 실제처럼 리허설을 해 보기를 추천합니다. 이때는 비판자의 충고를 두려워하지 말고 그대로 받아들여야 합니다. 이를 통해 강의 시간과 내용 구성을 재배열하고, 예상 질문과 예상 답변을 준비할 수 있습니다. 그리고 HRD 담당자는 사내 강사들이 책임감을 가지고, 다양한 교수법을 활용하여 교수의 장면에 나갈 수 있도록 제도적으로 지원해야 할 것입니다.

# 20

## 학습 평가의
## 5대 질문

교육 과정이 종료된 후 HRD 담당자의 관심은 이제 평가로 가게 됩니다. 하지만 제대로 된 평가를 수행하려면 고려해야 할 요소가 있습니다. 평가를 설계하고, 수행할 때 HRD 담당자들은 5가지 질문에 답변할 수 있어야 합니다. 첫째, 왜 평가하는가? 둘째, 무엇을 평가하는가? 셋째, 누가 평가하는가? 넷째, 어떻게 평가하는가? 다섯째, 언제 평가하는가? 이제 이 5가지 질문을 하나씩 살펴보겠습니다.

### 1) 왜 평가하는가?

평가는 왜 하는 것일까요? 평가를 하는 이유 또는 목적은 3가지로 나누어볼 수 있습니다. 평가를 하는 가장 큰 이유는 바로 ① 학습 목표 달성 여부의 파악입니다. 교육 과정은 일정한 학습 목표를 설정해 놓은 후, 여러 가지 교수 방법을 동원하고, 활동을 전개해서 얻어진 교육적 성과를 파악하는 데 있습니다. 따라서 학습 목표 달성에 대한 증거와 정보를 수집하는 것이 평가의 일차적 관심입니다. ② 교육 과정의 질적 개선을 위해서입니다. 교육에 참여하는 학습자들의 선수 능력을 점검하고, 교육 활동이 전개되는 과정에서 드러나거나 잠재되어 있는 제반 문제점을 발견하여 그에 따른 조치를 마련함으로써 이후 실시되는 과정의 질적 개선을 도모하는 것입니다. ③ HRD 부서의 역할과 책임을 확인하기 위해서입니다. 교육을 통해 학습자들에게 지식, 기능, 태도상의 변화가 나타났다는 증거와 정보를 포착하고, 이들이 학습한 내용을 현업에서 적절히 활용하여 궁극적으로 경영 성과에 기여하고 있다는 것을 제시함으로써 HRD 부서가 조직에서 그 역할과 책임을 다하고 있다는 것을 보여주는 데 활용할 수 있습니다. 평가를 설계하기 전, HRD 담당자는 이 3가지 중 어떤 이유와 목적으로 평가하는지를 먼저 설정해야 합니다.

## 2) 무엇을 평가하는가?

왜 평가를 하는가에 대한 질문에 답을 정했다면, 이제 무엇을 평가하는가에 답해야 합니다. 이는 평가의 내용을 선정하는 활동입니다. 그리고 평가의 내용을 선정한다는 것은 평가를 통해 구체적으로 어떤 내용의 정보와 사실을 수집해야 할 것인지를 찾아내는 일입니다. 이는 결국 최초 교육 과정 설계 시 설정한 학습 목표와 연계하여 검토하는 것이 가장 합리적이고 타당합니다. 예를 들어 회사에서 생산 설비를 담당하는 테크니션technician을 대상으로 '장비 전문가 양성 과정'을 실시하고, 이의 효과성을 측정하기 위한 것이라면 다음과 같은 내용들이 평가 내용이 되어야 할 것입니다.

- 학습자가 장비의 고장 원인을 정확하게 찾아낼 수 있는가
- 학습자가 장비를 분해하기 위해 필요한 연장을 정확

히 구분할 수 있는가

- 학습자가 필요한 연장을 정확히 사용하여 장비를 분해할 수 있는가
- 학습자가 고장 부분을 찾아 수리할 수 있는가
- 학습자가 고장 수리를 끝낸 다음 장비를 원상태로 조립할 수 있는가

### 3) 누가 평가하는가?

이는 어떤 사람에게 전체 평가 중 어떤 부분을 맡기거나 협력적으로 요청해야 평가를 가장 효과적이며 객관적으로 실시할 수 있을 것인가를 결정하는 것입니다. 평가에 참여할 수 있는 사람은 교육 과정 개발자, 모듈별 담당 강사, 교육 과정 운영자, 학습자의 상사 등이 있습니다.

### 4) 어떻게 평가하는가?

질문 그대로입니다. 어떤 방법으로 평가하는 것이 가장 효과적인가를 결정해야 합니다. 평가 방법은 초기 설

정한 학습 목표를 검토함으로써 그 방법을 연계하여 보는 것이 가장 합리적입니다. 대표적인 평가 방법은 지필 검사입니다. 교육 과정 종료 후 진위형, 선다형, 괄호형, 단답형, 서술형 등의 시험을 보는 것입니다. 시험 외에도 다른 방법이 있습니다. 작문이나 프로젝트 수행, 연구 보고 등의 과제 수행, role-playing, 소집단 토론 등을 통한 행동 관찰 등도 가능합니다. 가상의 시뮬레이션이나 구술 테스트, 모노드라마 방식도 활용할 수 있습니다.

## 5) 언제 평가하는가?

평가의 내용이나 방법에 따라 평가를 수행하는 시기가 달라집니다. 특정 모듈이나 교육 과정이 시작되기 전에 실시하는 평가도 있고, 교육 과정이 진행되는 도중 또는 특정 시기를 선택하여 할 수도 있습니다. 또한 현업에서의 적용 여부를 확인하기 위해 교육 종료 후 일정 기간이 흐른 후 실시하는 경우도 있습니다.

이상에서 HRD 담당자가 평가 설계 시 스스로 답해야 하는 5가지 질문에 대해 알아보았습니다. '교육'에는 반드시 '평가'가 따라다닙니다. 평가는 교육 운영의 한 프로세스라는 관점이기에 절차적이며 기계적으로 행해져서는 의미가 없습니다. 정확히 5가지 질문에 답하여 세심하게 준비하여야 평가를 하는 목적을 제대로 달성할 수 있을 것입니다.

# 교육 과정의
# 5단계 평가

도날드 커크패트릭Donald Kirkpatrick은 교육 평가 분야에서 매우 이름을 널리 알리고 있는 학자입니다. 2000년대 초반에는 여든이 넘는 나이에도 불구하고 ATD에 참여하여 강연을 하기도 했습니다. 제가 대학에서 공부했던 교재에도 등장했으니 노학자입니다. 커크패트릭은 교육 과정의 평가는 4단계로 이루어진다고 주장하였습니다. 하지만 잭 필립스Jack Philips는 1단계가 빠졌다면서 5단계로 이루어진다고 하였습니다. 이들이 말한 4단계 평가는 무엇이며, 필립스가 추가해야 한다고 했던 추가적 단계는 무엇인지 살펴보겠습니다.

Donald Kirkpatrick　　Jack Philips

커크패트릭이 말한 4단계 평가는 ① 반응 평가, ② 학습 성취도 평가, ③ 현업 적용도 평가, ④ 사업 성과입니다.

먼저 1단계 '반응 평가'입니다. 통상 교육이 종료된 후, 교육 과정이 학습자의 니즈에 부응했는지, 효과적이고 성공적으로 수행되었는지에 대해 직접 학습자들에게 질문해 보는 것입니다. 흔히 HRD 담당자가 말하는 '만족도 설문'의 형태로 실시됩니다. 전체 교육 과정의 90% 정도는 1단계 반응 평가를 실시한다고 볼 수 있습니다.

2단계 평가는 '학습 성취도 평가'입니다. KSA, 즉 지식, 기능, 태도의 관점에서 교육 전에 비해 변화된 것을 측정하는 것입니다. 흔히 필기시험으로 많이 실시됩니다. 전체 교육 과정의 30~40% 정도가 2단계 평가를 실시한다고 볼 수 있습니다.

3단계 평가는 '현업 적용도 평가'입니다. 교육 과정 중 습득한 KSA를 실제 업무 현장에서 적용하는가의 여부를 측정하는 것입니다. '효율적인 회의 운영 스킬 과정'을 진행했다면, 교육 과정에 참여한 학습자가 실제 교육 과정에서 제시한 스킬과 툴을 회의 장면에서 활용하고 있는가를 측정하는 것입니다. 제가 느끼기에는 이를 측정하는 HRD 담당자는 거의 없습니다. 실제 측정이 이루어지는 것은 전체 교육 과정의 5% 이내 정도입니다.

4단계 평가는 '사업 성과 평가'입니다. 지식, 기능, 태도의 변화가 업무 현장에서 적용됨으로써 나타나는 사업적인 성과를 파악하는 것입니다. 앞서 예를 들었던 '효율적인 회의 운영 스킬 과정'을 수강한 학습자가 실제 회의 장면에 적용함으로써 '회의 시간 평균 15분 단축'과 같은 사업적인 성과가 도출되었는가를 파악하는 것입니다.

잭 필립스는 여기에 한 가지를 추가합니다. 바로 5단계 평가인 'ROI 평가'입니다. ROI는 'Return On Investment'의 약어입니다. 우리말로는 '투자 회수율'로 번역됩니다. 교육 과정에 소요된 비용에 대한 결과를 재무적 가치로 측정하는 것입니다. 보통 몇 퍼센트로 나타냅니다. '효율적인 회의 운영 스킬 과정'의 결과로 실제 회의 장면에 적용이 되어 '회의 시간 평균 15분 단축'이라는 사업적인 성과가 도출되었다면 이것을 돈으로 환산하는 것입니다. 회의에 참여한 사람들의 인건비, 전기세 절약분 등 회의가 평균 15분 단축됨으로 인해 절감되는 돈을 계산해 봅니다. 예를 들어 이렇게 절감된 돈이 약 1,500만 원이라고 가정하겠습니다. 그런데 '효율적인 회의 운영 스킬 과정' 운영에 소요된 비용이 300만 원이라고 한다면 분모에 교육 과정에 투입한 비용을, 분자에 교육 과정을 통해 창출한 순이익을 놓고 계산합니다. (1,500/300)×100%의 계산에 따라 500%의 ROI가 도출됩니다. 즉 '효율적인 회의 운영 스킬 과정'의 ROI는 500%입니다.

정리하면 교육 과정의 평가는 5단계로 나누어볼 수 있습니다. 1단계가 반응 평가, 2단계가 학습 성취도 평가, 3단계가 현업 적용도 평가, 4단계가 사업 성과, 5단계가 ROI 평가입니다. 여러분의 회사는 어느 단계까지 평가를 하고 있습니까?

HRD 담당자들 사이에서 1단계 반응 평가는 속칭 '스마일 테스트Smile Test'로 불립니다. 학습자들이 교육 과정에 참여하여 얼마나 웃으며 즐거웠느냐를 측정한다는 현실을 비유해서 부르는 말입니다. 그렇습니다. 교육 과정에 참여해서 얼마나 즐겁고 재미있었으며, 식사가 맛있었느냐에 따라 1단계 반응 평가는 달리 나옵니다. 하지만 HRD 담당자가 교육 과정을 기획하여 운영하는 궁극적인 목적은 무엇인가요? 학습자들이 즐거워하고 밥 맛있게 먹는 것이었나요? 아닙니다. 바로 학습 목표의 달성과 현업 적용입니다. 1단계 반응 평가에 지나치게 일희일비하기보다는 학습자들의 KSA에 변화가 생겼는지, 그러한 변화가 현업에 적용되어 사업 성과와 ROI로 도출되는지 점검해 보는 것이 진정한 평가 활동이 아닐까 생각합니다.

# 22

# 연간 HRD
# 실무 일람

HRD란 인적 자원 개발을 의미합니다. 우리는 HRD에 대해 '학습을 통해 조직 구성원의 행동을 변화시켜 성과를 창출할 수 있도록 하는 과정'이라고 정의해 보았습니다. 즉 기업이 보유하고 있는 유형 자원, 무형 자원, 인적 자원 중 인적 자원에 해당되는 조직 구성원의 행동 변화를 통해 기업이 원하는 성과를 창출하도록 하는 과정입니다. 그렇다면 이를 위해 HRD 담당자들은 시간별로 어떤 업무를 수행해야 하는지 시간의 흐름에 따라 살펴보겠습니다.

10~11월이 되면 HRD 담당자는 내년도 교육 훈련 계획을 수립합니다. 내년도 연간 교육 훈련 계획 수립을 위해서 HRD 담당자는 회사 또는 사업부의 CBI<sup>Critical Business Issue</sup>

가 무엇인지 파악하는 것이 좋습니다. 그리고 CBI를 바탕으로 내년도 HRD의 전략 과제와 구체적인 실행 과제를 도출합니다. 실행 과제들을 분석하여 내년에 누구를 대상으로 몇 개의 교육을 실시할 것인지 계산하여 예산 계획을 수립하면 됩니다. 내년도의 연간 교육 훈련 계획을 수립하여 차년도 사업 계획을 총괄하는 부서로 자료를 보냅니다. 연간 교육 훈련 계획을 수립하고, 수정 요청 사항에 대해 보완하다 보면 한두 달이 금방 지나갑니다.

이제 해가 바뀌었습니다. HRD 담당자인 여러분은 지난 연말에 CBI를 토대로 수립한 연간 교육 훈련 계획에 의거하여 교육 과정을 개설하고 운영하면 됩니다. 연간 교육 훈련 계획에 따르면 이번 해 가장 먼저 '사내 강사 양성 과정'을 실시하게 됩니다. '사내 강사 양성 과정', '프레젠테이션 역량 향상 과정' 등과 같은 특정 과정을 실시할 때는 앞에서 살펴보았듯이 ADDIE 프로세스에 따라 접근하는 것이 좋습니다. 즉 교육 과정을 실시하는 목적은 무엇이며, 학습자들의 구체적인 요구는 무엇인지를 분석 Analysis

하고, 이를 바탕으로 구체적인 학습 목표와 교수 내용, 교수 전략을 설계Design하며, 강의용 슬라이드와 교재 등을 개발Development합니다. 그리고 실행Implementation하고 그 결과를 평가Evaluation합니다.

좀 더 구체적으로 정리하면 '분석' 단계에서는 '사내 강사 양성 과정'을 추진하는 목적이 무엇인지, 왜 교육을 실시해야 하는지, 학습자들의 구체적인 요구 사항은 무엇인지 알아보기 위해 요구 분석을 합니다. 인터뷰, 설문, 관찰, 워크숍, 직무 분석 등의 방법으로 학습 대상자, 학습 대상자의 상사, 경영층, 현장 관리자 등에게 교육 과정에 대한 니즈를 파악하는 것입니다. 조금 더 타당도 높은 분석을 위해 두 개 이상의 방법으로 두 개 이상의 집단을 대상으로 요구 조사를 하는 것이 좋습니다.

분석이 끝나면 요구 분석한 자료를 바탕으로 '설계'를 합니다. 핵심적인 학습 목표의 진술, 교수 전략 수립, 평가 전략 검토 등입니다. 학습 목표는 ABCD의 원칙에 따라 대상Audience, 행위 동사Behavior, 조건Condition, 수준Degree의 4가지 요소를 포함하여 진술합니다. 그리고 이러한 학습 목표를 달성하기 위한 다양한 교수 전략을 고민합니다. 강의장에 오기 전에 비디오나 온라인을 통해 먼저 선행 학습을 하고, 이후 오프라인 강의장에서 강사와 학습자가 토론이나 실습 등을 진행하면서 선행 학습을 통해 습득한 지식을 바탕으로 과업을 해결하고, 지식을 응용하는 심화 학습을 하는 Flipped Learning 방식의 적용을 고민해볼 수 있습니다. 또는 10분 내외 분량으로 한 가지 개념만을 다루는 콘텐츠를 제작하여 출퇴근하면서 또는 업무 중 온라인 매체를 통해 손쉽게 학습하게 하는 Micro-Learning 방식도 검토해볼 수 있습니다. 작은 그룹이 실제 문제에 해결안을 내고, 그 안을 실행하면서 학습하는 과정인 Action Learning 방식도 고민해볼 수 있습니다. 구체적으로는 강의, 토의와 토론, 게임, 사례 연구 등 교수 기법의 적용도 검토합니다. 어떤 교수 기법과 전략을 적용하던 가네의 9 Events와 켈러의 ARCS는 교수 설계 시 고려해야 합니다.

교수 설계에 따라 강의용 슬라이드와 교재 등을 만드

는 '개발' 단계를 거치면 이제 본격적으로 교육을 하는 '실행' 단계에 들어갑니다. 교육 과정을 실행하고 운영할 때 HRD 담당자는 학습자들이 편안한 분위기 속에서 학습에 대한 동기를 가지고, 적극적으로 교육에 참가할 수 있도록 노력해야 합니다. 그리고 적절한 SPOT 활동을 통해 학습자들의 기분 전환, 동기 부여, 긴장 완화, 창의적 사고 촉진 등을 지원해야 합니다.

드디어 교육이 종료되었습니다. HRD 담당자는 설계 단계에서 검토했던 평가 전략에 따라 평가 활동을 수행하면 됩니다. HRD 담당자가 수행하는 평가는 일반적으로 1단계 반응 평가, 2단계 학업 성취도 평가, 3단계 현업 적용 평가, 4단계 사업 성과 평가, 5단계 ROI 평가로 구분합니다. 평가가 종료되면 '사내 강사 양성 과정'의 결과 보고서를 작성하면 됩니다. 그리고 학점 이수제를 시행하는 회사라면 '사내 강사 양성 과정'을 수료한 학습자들에게 정해진 학점을 부여합니다. IDP 제도를 시행 중인 회사라면 학점을 부여할 필요는 없습니다. 학점 부여가 종료되면,

HRD 담당자는 연간 교육 훈련 계획에 의거하여 다른 과정을 ADDIE에 따라 준비해 나갈 것입니다.

　HRD 담당자는 이처럼 연간 교육 훈련 계획을 수립하고, 그 계획에 따라 자신이 담당하고 있는 교육 과정을 진행하고, 사후 관리를 하며, 사내 강사 제도나 학점 이수제 등의 제도를 운영 관리합니다. 이런 과정 속에도 조직 성과 달성을 위한 HRD 담당자의 노력이 포함되어 있습니다. 하지만 이제 이러한 역할에만 머물러 있기보다는 '수행 컨설턴트Performance Consultant'로서 변화하고 성장해 나갈 것을 권장하였습니다. 그러기 위해서는 조직에 존재하는 수행 문제를 찾아내고, 이것이 KSA의 부족 때문인지 그 외의 요인에 의한 것인지 밝혀야 합니다. KSA가 부족하다면 HRD가 제공할 수 있는 Intervention을 준비하고, 그렇지 않다면 다른 원인을 찾아내 조직 차원에서 해결할 수 있도록 제안하는 역할을 해야 합니다. HRD 담당자가 전통적인 역할인 관리와 과정 운영뿐만 아니라 수행 컨설턴트의 역할을 하면서 조직의 성과 향상에 기여한다면, 운영 및 행정 업무를 넘어 HRD 전문가로 성장할 수 있을 것입니다.

# HRD BASIC
## 인 재 양 성 실 무 가 이 드

## MICRO LEARNING

### HRD 전문기관 PSI컨설팅의
### 인기 공개교육을
### 이러닝 컨텐츠로!

우측 QR코드를 스캔하여
저자 직강을 만나보세요!

# HRD 베이직 – 인재 양성 실무 가이드

**초판 1쇄 발행** 2019년 12월 1일

**지은이** 최오성
**기 획** 브라이언 박
**이러닝** 김민수
**펴낸이** 김혜은, 정필규
**마케팅** 정필규
**편 집** 김정웅
**디자인** 롬디

**펴낸곳** 피플벨류HS
**출판등록** 2017년 10월 11일 제 2017-000065호
**주 소** (10126) 경기도 김포시 고촌읍 장차로5번길 5-25, 5층 584-1호(엔타운)
**문 의** 010-3449-2136
**팩 스** 0504-365-2136
**납품 이메일** haneunfeel@gmail.com
**일반문의 이메일** pvhs0415@naver.com

ⓒ 최오성, 2019
**ISBN** 979-11-962126-5-0  03320
**값** 12,000원